LA ESCUELA

DE CRISTO

POR T. AUSTIN-SPARKS

Traducido por:
Elizabeth Montero y
Grace Montero, Costa Rica

**Esta y otras publicaciones están disponibles
<u>gratuitamente</u>, previa solicitud,
poniéndose en contacto con:**

Zoe Costa Rica
Correo Electrónico: CostaRicaZoe@gmail.com
O: henderjay@gmail.com
2013 v.1

Prefacio a la Tercera Edición Revisada

El ministerio contenido en este libro ha sido forjado en el yunque de tratos profundos y drásticos de Dios con la vasija. No sólo es doctrina, es experiencia. Sólo aquellos que realmente hablan en serio con Dios, harán el esfuerzo exigido para leerlo. Para tales, dos palabras de consejo pueden ser útiles. En primer lugar, trate de recordar a todo lo largo que la forma hablada se mantiene. Los mensajes fueron dados en conferencia, y el lector debe tratar de entrar en el espíritu y en la mente del oyente, y no solo leer. Al hablar, el mensajero podía ver los rostros que tenía delante, lo que le pedía repetición, énfasis o un esclarecimiento más completo. Esto explica mucho que no tenga el carácter de una producción precisamente literaria. Tiene sus dificultades para los lectores, pero también tiene sus valores.

Entonces, mi consejo es que no se debe intentar demasiado, ni abarcar mucho a la vez. Casi cada página requiere pensamiento y sólo se puede alcanzar cansancio si se lee sin tranquila meditación.

De todos los libros que se han publicado de este ministerio, considero éste como el que va más profundamente a las raíces y fundamentos de nuestra vida en Cristo con Dios.

¡Qué Él haga que su lectura resulte en una mejor comprensión del significado de Cristo!

T. Austin-Sparks.

LONDRES,
Julio de 1964

Índice

I   El Fundamento de la Educación Espiritual   7

II   Aprendiendo la Verdad   24

III   Aprendiendo por Revelación   39

IV   La Casa de Dios   49

V   La Luz de la Vida   63

VI   Un Cielo Abierto   81

VII   Aprendiendo Bajo la Unción   100

VIII   La Ley que Gobierna el Amor Divino   117

Apéndice: Biografía de T. Austin-Sparks   127

Capítulo I

El Fundamento de la Educación Espiritual

Vamos a comenzar leyendo los siguientes pasajes:

Ezequiel 40:2-4, "En visiones de Dios me llevó a la tierra de Israel, y me puso sobre un monte muy alto, sobre el cual había un edificio parecido a una gran ciudad, hacia la parte sur. Me llevó allí, y he aquí un varón, cuyo aspecto era como aspecto de bronce; y tenía un cordel de lino en su mano, y una caña de medir; y él estaba a la puerta. Y me habló aquel varón, diciendo: Hijo de hombre, mira con tus ojos, y oye con tus oídos, y pon tu corazón a todas las cosas que te muestro; porque para que yo te las mostrase has sido traído aquí. Cuenta todo lo que ves a la casa de Israel."

Ezequiel 43:10-11, "Tú, hijo de hombre, muestra a la casa de Israel esta casa, y avergüéncense de sus pecados; y midan el diseño de ella. Y si se avergonzaren de todo lo que han hecho, hazles entender el diseño de la casa, su disposición, sus salidas y sus entradas, y todas sus formas, y todas sus descripciones, y todas sus configuraciones, y todas sus leyes; y descríbelo delante de sus ojos, para que guarden toda su forma y todas sus reglas, y las pongan por obra."

Mateo 3:17, *"Y hubo una voz de los cielos, que decía: Este es mi Hijo amado, en quien tengo complacencia."*

Mateo 11:25-30, *"En aquel tiempo, respondiendo Jesús, dijo: Te alabo, Padre, Señor del cielo y de la tierra, porque escondiste estas cosas de los sabios y de los entendidos, y las revelaste a los niños. Sí, Padre, porque así te agradó. Todas las cosas me fueron entregadas por mi Padre; y nadie conoce al Hijo, sino el Padre, ni al Padre conoce alguno, sino el Hijo, y aquel a quien el Hijo lo quiera revelar. Venid a mí todos los que estáis trabajados y cargados, y yo os haré descansar. Llevad mi yugo sobre vosotros, y aprended de mí, que soy manso y humilde de corazón; y hallaréis descanso para vuestras almas; porque mi yugo es fácil, y ligera mi carga."*

Juan 1:51, *"Y le dijo: De cierto, de cierto os digo: De aquí adelante veréis el cielo abierto, y a los ángeles de Dios que suben y descienden sobre el Hijo del Hombre."*

Lucas 9:23, *"Y decía a todos: Si alguno quiere venir en pos de mí, niéguese a sí mismo, tome su cruz cada día, y sígame."*

Efesios 4:20-21, *"Mas vosotros no habéis aprendido así a Cristo, si en verdad le habéis oído, y habéis sido por él enseñados, conforme a la verdad que está en Jesús."*

El versículo básico para nuestro presente propósito es Mateo 11:29 donde dice: "Llevad mi yugo y aprended de mí." En Efesios 4:20 el apóstol Pablo nos dice con otras palabras lo que el Señor Jesús quiso dar a entender: "Mas vosotros no habéis aprendido así a Cristo." Al cambiar una palabrita vemos una gran diferencia y tenemos el verdadero sentido. Mientras el Señor Jesús estuvo aquí, puso esto de manera objetiva porque el tiempo subjetivo no había llegado, por eso tuvo que decir: "Aprended de mí." Pero cuando el tiempo subjetivo llegó, el Espíritu Santo guió al apóstol a dejar de lado el "de" y decir "aprendido así a Cristo."

Estoy completamente seguro que muchos de ustedes discernirán, inmediatamente, cuál es la verdadera falla del cristianismo popular de hoy. Una especie de imitación objetiva de Jesús que no trae ningún provecho, mientras que aprender a Jesús nos lleva a total provecho. Así que vamos a ocuparnos con la escuela de Cristo ahora, a cuya escuela Él llevó a los doce discípulos que había escogido, "para que estuviesen con Él y para enviarlos a predicar." (Marcos 3: 14)

Ellos, primeramente, fueron llamados "discípulos," lo cual sólo significa "puestos bajo disciplina." Antes de que nosotros podamos ser apóstoles, esto es "enviados," tenemos que estar bajo disciplina, ser discípulos, ser enseñados; ser enseñados de manera interna. A esta escuela es llevado todo aquel que haya nacido de arriba y es muy importante que comprendamos, la naturaleza de la misma, qué es lo que vamos a aprender y los principios de nuestra educación espiritual.

Primero Se Nos Da un Panorama del Objetivo de Nuestra Educación.

Al llegar a esta escuela lo primero que el Espíritu Santo, el gran Maestro e Intérprete hace por nosotros, si realmente estamos bajo Su mano, es darnos un panorama de lo que tenemos que aprender, nos presenta el gran objetivo de nuestra educación.

Hemos leído los pasajes en Ezequiel, los cuales, a mí parecer, tienen mucho que ver con este asunto. En un tiempo en que la verdadera expresión de los pensamientos de Dios en medio de su pueblo se había perdido, y el pueblo había perdido el contacto inmediato con los pensamientos divinos, el Espíritu de Dios puso Su mano sobre el profeta, en aquel país lejano, y lo llevó en el Espíritu, en visiones de Dios, de regreso a Jerusalén. Allí lo puso sobre un monte alto y le mostró un templo nuevo, desde el cual un río de vida fluía hasta los confines de la tierra. Luego prosiguió, yendo de lo general a los más mínimos detalles, e instruyó al profeta a que le mostrara la casa a la casa de Israel, con la intención de recobrar la vida espiritual en conformidad a la amplia y detallada revelación del pensamiento de Dios, con la intención de que ellos, primero que nada, se avergonzaran.

Se ha discutido mucho si el templo de Ezequiel sería literalmente establecido en la tierra. Nosotros no vamos a discutir sobre esto, pero hay algo sobre lo cual no debemos tener ninguna duda, todo lo que Ezequiel vio tiene contraparte espiritual y cumplimiento en la Iglesia, la cual es el cuerpo de Cristo. Espiritualmente todo está en Cristo.

El método que Dios usa con Su pueblo para asegurar una plena expresión de Su pensamiento es, primero que todo, presentar el Objetivo perfecto. Esto fue lo que Él hizo cuando en el Jordán abrió los cielos y dijo: "Este es mi Hijo amado, en quien tengo complacencia." Él presentó y dio testimonio de Aquel que era la expresión plena, completa y detallada de Su pensamiento para Su pueblo. El apóstol Pablo en palabras familiares para nosotros expresa el hecho: "Porque a los que antes conoció, también los predestinó para que fuesen hechos conforme a la imagen de Su Hijo."

"Este es mi Hijo amado en quien tengo complacencia." "...conforme a la imagen de Su Hijo." Esta es la presentación, el testimonio y la declaración del propósito divino en relación a Él. Por eso, repito, el primer objetivo del Espíritu Santo es que conozcamos lo que está en la mira de nuestra educación espiritual, a saber, que Él está por revelar a Cristo en nosotros para después conformarnos a Él. ¡Para aprender a Cristo, primero debemos ver a Cristo!

La Preeminente Marca de una Vida Gobernada por el Espíritu

La marca de una vida gobernada por el Espíritu Santo es, que esa vida está continuamente y cada vez más concentrada en Cristo, y que Cristo es cada vez más grande en esa vida conforme pasa el tiempo. El efecto de la obra del Espíritu Santo en nosotros nos lleva a la orilla de un inmenso océano que se extiende mucho más allá de nuestro alcance, y ante el cual nos sentimos abrumados: "¡Qué profundidad, qué plenitud de Cristo!" Si viviéramos tanto como un hombre haya vivido alguna vez, todavía estaríamos solo en la margen de esa vasta plenitud que es Cristo.

Esto, a su vez, se convierte en un reto para nosotros antes de que vayamos más lejos. Estas no son solo palabras, esto no es solo retórica, esto es verdad. Preguntémosle a nuestro corazón: ¿Es esta la verdad en nuestro caso? ¿Es este el tipo de vida que conocemos? ¿Hemos llegado a la desesperación en este asunto? Es decir, estamos vislumbrando tanto de Cristo, que sabemos que estamos siendo derrotados, que es demasiado para nosotros y que nunca lo alcanzaremos todo. Esto está más allá de nosotros, mucho más allá de nosotros, y sin embargo, seguimos siendo atraídos y atraídos. ¿Es esta su experiencia?

Esta es la marca de una vida gobernada por el Espíritu Santo. ¡Cristo va haciéndose más y más grande a medida que avanzamos! Si esto es verdad, bueno, ese es el camino de la Vida. Si usted y yo alguna vez llegáramos a un lugar donde pensáramos que lo conocemos todo, que lo tenemos todo y que lo hemos alcanzado todo, sepa que a partir de ese momento las cosas se estancarán. Podemos asumir que el Espíritu Santo ha cesado las operaciones y que la vida se ha petrificado.

Tomemos el ejemplo de alguien que nos ha sido dado de entre los hombres, para mostrarnos el propósito de los caminos de Dios, el Apóstol Pablo. Las palabras que él usa para definir y expresar lo que le pasó justamente al comienzo son: "Agradó a Dios...revelar a Su Hijo en mí." Ahora bien, este hombre enseñó y predicó mucho; produjo mucho. Tuvo una vida larga y plena, no solo por lo mucho que produjo, sino también por la esencia concentrada, la cual ha vencido todos los intentos de comprenderla. Al final de su larga y plena vida, el hombre que dijo en relación a su comienzo: "Le agradó a Dios... revelar a Su Hijo en mí," clama desde su corazón "...que yo pueda conocerlo." Indicando, sin ninguna duda, que a pesar de la revelación inicial, que a pesar de todas las posteriores y continuas grandes revelaciones, que a pesar de haber sido llevado al tercer cielo donde se le mostraron cosas indecibles...que a pesar de todo eso, al final él no sabía nada comparado con lo que hay para ser conocido.

"Que yo pueda conocerlo." Esta es la esencia de una vida gobernada por el Espíritu Santo y lo que nos va a librar de la muerte, del estancamiento, de llegar a un punto muerto. Esta es la obra del Espíritu en la escuela de Cristo, presentar y mantener a Cristo en Su grandeza a la vista. Por lo tanto, Dios, justo desde el principio, saca a la luz a Cristo, lo presenta, lo confirma y dice: "¡Este es Aquel a cuya imagen te voy a conformar!"

Así es, luego de haberse hecho la presentación empiezan las lecciones básicas. El Espíritu Santo no está satisfecho solo con darnos una gran presentación, empezará la verdadera obra en relación a esa presentación y bajo Su mano, seremos llevados a dos o a tres cosas básicas en nuestra educación espiritual.

El Desafío y el Significado de un Cielo Abierto

Mi objetivo, en cooperación con el Señor, es hacer todo eminentemente práctico, y así, plantear el desafío de inmediato. Pregunto: ¿Está el Espíritu Santo dentro de usted presentándole la plenitud de Dios en Su Hijo cada vez más? ¿Es esa la naturaleza de su vida espiritual? Si no es así, entonces usted, definitivamente, debe hacer algo delante del Señor acerca de esto, porque algo anda mal. Eso es lo que significa la unción y si esa no es la naturaleza de su vida espiritual, algo anda mal en relación a la unción en su caso. El Señor Jesús le dijo a Natanael: "De aquí en adelante veréis el cielo abierto y a los ángeles de Dios que suben y descienden sobre el Hijo del Hombre."

Es claro que el "de aquí en adelante" era el "en adelante" inmediato, los días del Espíritu Santo que estaban por llegar muy pronto. Con un cielo abierto usted ve la perspectiva de Dios con respecto a Su Hijo. Ese cielo abierto fue la unción para el Señor Jesús. El Espíritu descendió sobre Él y lo iluminó, esa fue la unción para Él y es la misma para nosotros. Desde el día de Pentecostés en adelante, el cielo abierto es la unción del Espíritu sobre Cristo dentro de nosotros. El cielo abierto significa una revelación de Cristo en constante crecimiento.

¡Permítame exhortarlo! Vuelvo a insistir sobre esto, porque no solo debemos añadir otras cosas rápidamente, sino asegurarnos de que estamos en lo correcto. El cielo abierto trae a su misma puerta la revelación de Dios en Cristo y la pone a su disposición, a fin de que usted no dependa, en primer lugar, de bibliotecas, libros, directrices o de cualquier otra cosa. ¡La revelación está ahí para usted! Sin embargo, por mucho que el Señor vea como algo bueno el uso de esas otras cosas para ayudarlo y enriquecerlo, usted tiene su propio cielo abierto, su propio camino despejado y no un domo cerrado sobre su cabeza. El Señor Jesús está siendo más, y cada vez más maravilloso en su propio corazón, porque "...Dios, que mandó que de las tinieblas resplandeciese la luz, es el que resplandeció en nuestros corazones, para iluminación del conocimiento de la gloria de Dios en la faz de Jesucristo."

La "Otredad" de Cristo

Siendo que lo anterior es cierto (y si no lo es para usted tal vez deba suspenderlo todo hasta que haya tenido tratos con el Señor), entonces el Espíritu Santo se pone a trabajar en eso. Como dije, hace dos o tres cosas muy reales para nosotros, la primera de la cuales es, la absoluta "otredad" de Cristo. ¡Cuán completamente "otro" o diferente es Él de nosotros!

Tome a los discípulos que fueron a Su escuela. Esa no era la escuela del Espíritu Santo en el mismo sentido que lo es para nosotros hoy, pero el resultado de su asociación con el Señor Jesús durante aquellos tres o tres años y medio fue exactamente el mismo. Lo primero que ellos aprendieron fue la "otredad" de Cristo, cuán diferente era Él de ellos. ¡Tuvieron que aprenderlo! No creo que les llegara en el primer momento, fue conforme avanzaban que se vieron una y otra vez en conflicto con Su pensamiento, Su mente, Su camino. Ellos lo presionaban a tomar un cierto rumbo, a hacer ciertas cosas, a ir a ciertos lugares. Trataban de ejercer sobre Él sus propios juicios, sentimientos e ideas, pero Él no quiso saber nada de eso.

En la fiesta de las bodas de Caná de Galilea, su propia madre con una idea en mente le dijo: "No tienen vino." Su respuesta fue: "¿Qué tienes conmigo, mujer? Aún no ha venido mi hora." Esta es una traducción muy débil, una mucho mejor diría: "Mujer, tú y yo estamos pensando en diferentes ámbitos, en este momento no tenemos nada en común." Así, durante sus vidas, ellos buscaron imponerle su propia mentalidad, pero Él los hizo retroceder todas las veces y les mostró cuán diferentes eran Sus pensamientos, Sus caminos, Sus ideas, Sus juicios. ¡Completamente diferentes! Espero que al final ellos se desesperaran. Él podría haberse desesperado de ellos, si no hubiera sabido que esto era exactamente lo que Él estaba haciendo en ellos.

Coja esto y tendrá algo muy útil: "Señor, ¿por qué es que yo siempre estoy atrapado, siempre estoy cometiendo errores? De una u otra manera, siempre digo y hago lo que no es correcto. ¡Siempre estoy en el lado equivocado! ¡Parece que nunca estoy de acuerdo Contigo! ¡Me desespera nunca estar en lo correcto!" A esto el Señor responde: "Estoy enseñándote, eso es todo, deliberadamente, muy deliberadamente. Eso es exactamente lo que quiero que veas. Hasta que aprendas esta lección no vamos a llegar a ninguna parte. Cuando la hayas aprendido bien, podremos empezar la obra de edificación, pero por ahora, es necesario que reconozcas que Yo soy completamente "otro" con respecto a ti, que soy completamente diferente de ti. La diferencia es tal, que nos movemos en dos mundos completamente opuestos."

La mente ordinaria del hombre, en el mejor de los casos, es otra mente ordinaria. La voluntad del hombre, en el mejor de los casos, es otra voluntad de hombre. Usted no sabrá lo que hay detrás de sus motivos, hasta que el Espíritu Santo se abra camino hasta lo más profundo de su ser y se lo muestre. Usted puede poner sus sentimientos y deseos de la manera más piadosa. Puede, como Pedro, reaccionar ante la declaración divina y que el Señor diga: "Si no te lavare, no tendrás parte conmigo." Y entonces responder: "Señor, no sólo mis pies, sino también las manos y la cabeza"; pero es sólo el yo levantándose de nuevo. "Mi bendición." Yo quiero la bendición y así perder todo el punto que el Maestro está tratando de enseñar. "Estoy tratando de enseñarte a despojarte de ti mismo," podría decir el Señor, "y tú estás cogiendo cada declaración mía para llenarla de tu yo, para obtener algo. Estoy tratando de decirte: ¡Suelta, deja ir!." El yo se levanta de la manera más "espiritual" por la bendición espiritual. ¡No sabemos lo que hay detrás de los motivos!

Es necesario que entremos a la muy severa escuela del Espíritu, lo cual resulta en el descubrimiento de que nuestras mejores intenciones son corruptas, de que nuestros más puros motivos son inmundos ante Sus ojos, de que el yo brota en algún lugar en las cosas que intentamos que sean para Dios. No podemos producir desde esta naturaleza algo aceptable para Dios. Todo lo que alguna vez llegue a Dios será únicamente en Cristo, no en nosotros. En esta vida nunca será en nosotros, ni como nuestro. Siempre existirá la diferencia entre Cristo y nosotros. Aunque Él viva en nosotros, Él y únicamente Él, es el objeto de placer y satisfacción divina, y la lección básica que usted y yo tenemos que aprender en esta vida, bajo la tutela, revelación y disciplina del Espíritu Santo es, que Él es diferente a lo que somos nosotros, y que esa "otredad" es definitivamente algo absoluto. ¡Esta es una de las lecciones difíciles!

Es, sin duda, una lección que el mundo se rehusará aprender. No lo hará. Es una lección que contrasta directamente con todo el sistema de la enseñanza humanista, con lo "maravilloso" que es el hombre. ¡Oh, no! Cuando usted llega a lo mejor de usted mismo, todavía hay un abismo entre usted y los principios de Cristo que no puede ser superado. Si usted lograra lo mejor de usted mismo, todavía no ha comenzado en Cristo. Es absoluto, pero tal vez no se necesite un énfasis tan fuerte, la mayoría de nosotros ha aprendido algo de esto.

Mientras conocemos esto por experiencia, tomemos la tranquilidad que tal vez viene, porque una vez más se nos dice exactamente lo que está pasando. ¿Qué está haciendo el Señor, qué está haciendo el Espíritu Santo en nosotros? Bueno, básicamente nos está dando a conocer que nosotros somos una cosa y que Cristo es otra completamente diferente. Esta es la lección más importante que tenemos que aprender, porque no se puede edificar nada hasta que la hayamos aprendido.

La Imposibilidad de Alcanzar el Estándar de Dios por Nosotros Mismos.

Tenemos, entonces, que la primera lección es la absoluta "otredad" de Cristo en contraste con nosotros. En la segunda, el Espíritu Santo nos pone cara a cara con nuestra absoluta imposibilidad de alguna vez llegar a ser "otro" por nosotros mismos. Verá, Dios ha establecido un estándar, Dios ha presentado Su modelo, Dios nos ha dado Su objetivo para que seamos conformados, y lo siguiente que vamos a enfrentar es la total imposibilidad de ser eso. Sí, por nosotros mismos no podemos serlo.

¿No ha aprendido usted todavía la lección de la desesperación? ¿Tiene el Espíritu Santo que hacerlo desesperar otra vez? ¿Por qué no experimenta una buena desesperación de una vez por todas? ¿Por qué desesperarlo de vez en cuando? Solo porque usted todavía está buscando algo en alguna parte, algún trapo de bondad en usted para presentar delante de Dios y que le agrade, que le satisfaga y que responda a Sus requisitos. ¡Nunca lo encontrará! Está establecido en Isaías 64 que "toda nuestra justicia es como trapos de inmundicia." El Señor le llama a toda nuestra justicia y a todo lo que trata de levantarse como justo: "¡Trapos de inmundicia!" Vamos a establecer esto de una vez por todas.

Si usted está mirando hacia adelante lo que estoy diciendo, verá a qué lo conduce esto. Lo conduce a la más gloriosa posición. Lo conduce al glorioso hecho mencionado por el Señor Jesús, en aquellos días antes de que las cosas llegaran a ser internas: "Aprended de mí...y hallaréis descanso para vuestras almas." Ese es el objetivo. Nosotros nunca encontraremos descanso para nuestras almas, hasta que, en primer lugar, hayamos aprendido la absoluta diferencia entre Cristo y nosotros, y en segundo lugar, hayamos aprendido la absoluta imposibilidad de ser como Él por medio de algo que podamos encontrar, producir o hacer en nosotros mismos. No está en nosotros, en nosotros mismos, ni de esa manera. Así que, más nos vale haber pasado por nuestra última desesperación con respecto a nosotros mismos. ¡Estas dos cosas son básicas!

Una Última Palabra y una Exhortación

A continuación el Espíritu Santo empezará a mostrarnos cómo se logran estas dos cosas. No vamos a empezar esto ahora, pero quedémonos con el hecho de que el Espíritu Santo no puede hacer nada hasta que estas otras cosas sean establecidas. ¡Es que Dios es muy celoso de Su Hijo! Su Hijo tuvo que pasar por el fuego debido a esto. Aceptó la forma de hombre y una vida de dependencia, se despojó voluntariamente de aquello que lo posibilitaba en cualquier momento, a obrar a partir de Sí mismo y por medio de Su deidad, para su propia liberación, salvación, provisión y preservación. Se despojó de ese derecho y dijo: "Dejo todos mis derechos, prerrogativas y poder de la Deidad por el momento, y acepto la posición de hombre, de total dependencia a Dios como Mi Padre. Cumplo en el nivel del hombre todo lo que el hombre tenía que cumplir alguna vez."[1]

---

1   Esto no quiere decir que Él se despojó a Sí mismo de la Deidad, sino de sus derechos por el momento.

Él enfrentó cada esfera del hombre, en cada forma particular e intensidad de fuerza, sin fallar, como hombre y por el hombre, y regresó al trono con el mérito de un completo triunfo sobre toda fuerza que el hombre haya enfrentado alguna vez por satisfacer a Dios. ¿Piensa usted que después de esto Dios va a renunciar a Su Hijo y a todo lo que Él forjó en favor del hombre y decir: "Solo da lo mejor de ti y eso Me satisface?" ¡Cuán ciego de Cristo y de Dios está el cristianismo popular de hoy día! Solo hay Uno en este universo sobre quien Dios puede decir desde su corazón "en quien tengo complacencia," y ese Uno es el Señor Jesucristo. Si usted y yo vamos a entrar en esa gracia alguna vez, será "en Cristo Jesús," nunca en nosotros mismos. Cuando se aprende esto, o cuando esta parte de la educación se ha incorporado, es cuando el Espíritu Santo puede empezar la obra de conformación a la imagen del Hijo de Dios.

Bien, hemos visto la primera y la segunda lección en el caso de los discípulos. A través de los meses y años ellos llegaron a ver cuán completamente diferente era Él de ellos, y entonces, llegaron al punto de la desesperación, al asunto mismo, tal como pretendía el Señor que fuera. Él lo previó todo. No podía entorpecerlo, no podía salvarlos, tenía que permitirles ir por ese camino. Y justamente al final, cuando ellos estaban haciendo sus más fuertes proclamas acerca de la lealtad, fidelidad y resistencia de ellos, y de lo que iban a hacer cuando los sometieran a prueba, Él les dijo a todos: "¿Ahora creéis? He aquí la hora viene, y ha venido ya, en que seréis esparcidos cada uno por su lado, y me dejaréis solo..." Y a uno en particular le dijo: "No cantará el gallo, sin que me hayas negado tres veces."

¿Qué cree que sintieron esos hombres cuando Él fue crucificado, todos huyeron dejándolo solo y uno lo negó? ¿No cree usted que una oscura desesperación entró en sus almas, no solo por las perspectivas y expectativas perdidas, sino una desesperación sobre sí mismos? Sí, y Él tenía que permitirlo. No podía dar ni un paso para evitarlo porque era necesario. Y usted y yo iremos por el mismo camino, si estamos en la misma escuela. ¡Es esencial! Ninguna obra de edificación puede ser hecha, hasta que esto haya avanzado internamente en nosotros.

¡Bueno, esto suena terrible, pero debería ser alentador! Después de todo, en un sentido todo es provechoso. ¿Qué está haciendo el Señor en mí? Él está preparando un camino para Su Hijo, está limpiando el terreno para introducirlo en la plenitud de Cristo. Es lo que Él está haciendo, es lo que hizo con ellos. Pentecostés y todo lo que siguió, fue Su respuesta a lo que pasó el día que fue entregado, a todo lo que pasó con ellos. Usted dice: "Entonces Él comenzó Su obra de edificación." Sí, Él la comenzó. Después de la cruz y de Pentecostés las cosas empezaron a cambiar de manera interna, y desde ese momento usted comienza a ver que Cristo es manifestado en forma creciente en estos hombres.

Puede que tuvieran un largo camino por delante, pero usted no puede pasar por alto el hecho de que el fundamento estaba puesto, que se había dado el inicio. No se puede dejar de ver, que había una diferencia y que la diferencia no era que ellos hubieran cambiado necesariamente mucho, sino que Cristo estaba en ellos transcendiendo lo que eran por naturaleza. No es que ellos habían llegado a ser mucho mejores, sino que Cristo en ellos había llegado a ser más real, como un poder.

Esto es todo por el momento. Inclinemos nuestros corazones y rindámonos hoy. ¡Es la escuela de Cristo! Sé lo desafiante que es, desafiante para este viejo hombre reacio a morir, que se rinde con gran dificultad. Tal vez toda nuestra formación y enseñanza ha sido distinta a esta. Hemos estado en la horrible herencia del humanismo que dice: "Sé lo mejor que puedas ser. Sé lo mejor." Bien, usted debe tomar lo que le estoy diciendo en el sentido que lo estoy diciendo. Nadie espera que usted vaya y sea descuidado, perezoso, peor o menos de lo mejor que pueda ser, sólo por lo que he dicho; usted sabe de qué estoy hablando. Lo mejor de nosotros nunca podrá cruzar la brecha que hay entre nosotros y Jesucristo. No, esta brecha permanece, y la única manera de pasar es morir y ser levantado de entre los muertos; pero ese es otro tema.

Capítulo II

Aprendiendo La Verdad

Vamos a comenzar leyendo los siguientes pasajes:

Juan 8:31-36, *"Entonces Jesús dijo a los judíos que habían creído en él: Si vosotros permanecéis en mi palabra, seréis verdaderamente mis discípulos, y conoceréis la verdad y la verdad os hará libres. Ellos le respondieron: somos descendencia de Abraham, y nunca hemos sido esclavos de nadie: ¿Cómo dices tú: Seréis libres? Jesús les respondió: De cierto, de cierto os digo: Cualquiera que hace pecado, es esclavo del pecado. Y el esclavo no queda en la casa para siempre: el hijo permanece para siempre. Por tanto, si el Hijo os hace libres, seréis verdaderamente libres."*

Juan 8:44, *"Vosotros sois de vuestro padre el diablo, y los deseos de vuestro padre queréis hacer. Él fue un asesino desde el principio, y no* ha permanecido en la verdad, porque no hay verdad en él. Cuando habla mentira, habla de lo suyo, porque él es un mentiroso, y padre de la mentira."

Juan 8:55, "Vosotros no Le conocéis, mas yo Le conozco, y si debo decir que no Le conozco, voy a ser como vosotros, un mentiroso, pero yo Le conozco, y guardo Su palabra."

Juan 14:6, "Jesús le dijo: Yo soy el Camino, la Verdad y la Vida."

Juan 14:17, "El Espíritu de la verdad, al que el mundo no puede recibir, porque Le menosprecia, y no Le conoce; ustedes Lo conocen, porque Él permanece con ustedes y estará en vosotros."

Juan 15:26, "Pero cuando venga el Consolador, a quien yo os enviaré desde el Padre, el Espíritu de verdad, que procede del Padre, él dará testimonio de mí."

Romanos 1:18, "Porque la ira de Dios se revela desde el cielo contra toda impiedad e injusticia de los hombres que reprimen la verdad con la injusticia."

Romanos 1:25, "Ya que cambiaron la verdad de Dios por la mentira."

Efesios 4:21, *"Si en verdad Le habéis oído y habéis aprendido de Él, conforme a la verdad que está en Jesús."*

Efesios 4:24, *"Vestíos del nuevo hombre, que fue creado según Dios en justicia y santidad de la verdad."*

Apocalipsis 3:7, *"Estas cosas dice Él que es Santo, el que es Verdadero."*

Apocalipsis 3:14, *"Estas cosas dice el Amén, el testigo fiel y verdadero."*

En el capítulo anterior hablamos acerca de la escuela de Cristo, y dijimos que todo verdadero hijo de Dios es introducido en la escuela de Cristo bajo la mano del Espíritu Santo, el Espíritu de la unción. Dijimos que la primera gran obra del Espíritu Santo es presentar a Cristo al corazón, como el objetivo de Dios en todos los tratos del Espíritu Santo con nosotros. Cristo es presentado y atestiguado por Dios como el objeto de Su placer. En seguida, el Espíritu Santo da a conocer el propósito divino en relación con esa revelación interna del Señor Jesús, a saber, que debemos ser conformados a la imagen del Hijo de Dios.

Luego hablamos de las dos lecciones básicas en las que se basa nuestra educación. En la primera, el Espíritu Santo se esfuerza en hacer que todos los que estamos bajo disciplina (este es el significado de la palabra discípulo) conozcamos por experiencia, de manera interna en nuestros propios corazones, la absoluta "otredad" de Cristo con respecto a nosotros mismos. En la segunda, el Espíritu Santo trabaja para llevarnos al lugar donde nos demos cuenta cuán imposible es la situación separada del milagro de Dios, de que por nosotros mismos nunca podremos ser como Cristo. Esto es algo externo a nosotros mismos, es obra de Dios; esta es la conclusión.

Bueno, todo esto es introductorio en la escuela de Cristo, aunque me parece que esta educación preparatoria continúa hasta el fin de nuestros días. En todo caso, aunque parece que se extiende en gran parte de nuestra vida, debería alcanzar un punto que represente una crisis específica, un punto de crisis en el que el fundamento es establecido, en el que estas dos cosas son reconocidas y aceptadas. ¡No vamos a llegar muy lejos hasta que sea así!

La persona que en verdad empieza a moverse, es la persona que ha tenido su última desesperación de sí misma, es la persona que ha llegado a ver con toda claridad, por la iluminación del Espíritu Santo: "Ya no más yo, sino Cristo. ¡No lo que soy yo, Señor, sino lo que Tú eres! Eso y solo eso puede ser el verdadero descanso de mi alma. Tu amor, no el mío. Tu paz, no la mía. Tu descanso, no el mío. Tu todo, nada de lo mío. ¡Tú!" Este es el fundamento esencial del crecimiento espiritual, del conocimiento espiritual, de la educación espiritual.

"Yo Soy la Verdad"

En este capítulo vamos a ver más de cerca al Señor Jesús, como el objetivo de Dios y estándar para la obra del

Espíritu Santo en nosotros. Vamos a ver la "otredad" que Él representa. Hemos leído varios pasajes, todos los cuales, como habrá notado, tienen que ver con la verdad. Sin lugar a dudas, estos versículos de los Evangelios deben haber jugado un papel importante en la educación de los discípulos.

En primer lugar está la declaración hecha a los judíos. ¡Una tremenda declaración para los oídos de aquellos discípulos! Algunos judíos habían hecho profesión de fe y a ellos Él les planteó la cuestión del discipulado. Él les dijo a los judíos que le habían creído (que no es lo mismo decir que habían creído en Él): "Si vosotros permanecéis en mi palabra, seréis verdaderamente mis discípulos; y conoceréis la verdad, y la verdad os hará libres." Ellos le respondieron con el reproche: "Linaje de Abraham somos, y jamás hemos sido esclavos de nadie." Pero Él insiste en este tema de la verdad, de la verdad en relación a Sí Mismo y añade: "Por tanto, si el Hijo os hace libres, seréis verdaderamente libres."

Entonces, "...conoceréis la verdad, y la verdad os hará libres," se levanta la cuestión del linaje que ellos eran y se asocia con la declaración: "...si el Hijo os hace libres, seréis verdaderamente libres." ¿Me siguen? Conocer la verdad es conocer al Hijo. La libertad mediante la verdad es por medio del conocimiento de Él.

Luego les dijo a los judíos, supongo que a unos más violentos, estas palabras de fuerza sin precedentes: "Vosotros sois de vuestro Padre el diablo, y los deseos de vuestro padre queréis hacer. Él fue un asesino desde el principio, y no ha permanecido en la verdad, porque no hay verdad en él. Cuando habla mentira, habla de lo suyo, porque él es un

mentiroso, y padre de la mentira." Lenguaje tremenda-
mente fuerte, y todo con respecto a este punto de la verdad,
de la verdad ligada a Él Mismo.

Entonces, usted llega al capítulo 14, Él está solo con sus
discípulos y Felipe le dice: "Señor, muéstranos al Padre, y
nos basta." Su respuesta fue: "¿Tanto tiempo hace que estoy
con vosotros, y no me has conocido Felipe? Él que me ha
visto a mí, ha visto al Padre." Otra pregunta en la escuela:
"Señor, no sabemos a dónde vas; ¿cómo, pues, podemos
saber el camino?" Jesús dijo: "Yo soy el camino, y la
verdad..." "Yo soy la verdad." La verdad no es una cosa, la
verdad es una Persona. Bueno, todo está en la escuela de
Cristo y todo está relacionado con Cristo como la Verdad.

No sé qué tan importante sea esto para usted, pero
nuestro objetivo es que lo sea. ¿Qué tan importante es para
usted tener un verdadero fundamento? Después de todo, la
característica suprema de un fundamento es la verdad, que
esté bien y que esté verdaderamente establecido. Este
fundamento tiene que soportar una responsabilidad muy
pesada, nada menos que la responsabilidad de nuestro
destino y bienestar eterno, o mejor dicho, la justificación de
Dios. Por eso, dicho fundamento debe ser absolutamente
cierto y debe ser la verdad. A nosotros, por nuestra parte,
nos corresponde estar seguros de dónde estamos, nos
corresponde estar seguros de haber terminado con toda
nuestra imaginación, nos corresponde acabar para siempre
con todo lo que no es genuino y absolutamente verdadero
en nuestro entendimiento. Esto es justamente lo que
vamos a analizar ahora. Las consecuencias son tan grandes
que no podemos permitirnos tener ninguna duda en
nuestra comprensión.

Así es. Usted y yo vamos a encarar a Dios en algún momento. Vamos a estar, literalmente, cara a cara con Dios en la eternidad, y entonces se va a levantar la pregunta: ¿Nos ha fallado Dios en algún momento? ¿Seremos capaces de decir, en cualquier detalle: 'Señor, me fallaste, no fuiste fiel a tu palabra'? Tal posición es impensable. Nadie podrá presentar una acusación como esta ante la puerta de Dios. Nadie podrá tener alguna duda respecto a la verdad, la realidad y la fidelidad de Dios. El Espíritu Santo ha sido enviado como el Espíritu de verdad para que nos guíe a toda verdad, para que no haya sombra alguna entre Dios y nosotros en cuanto a Su absoluta fidelidad, Su fidelidad a Sí mismo y a toda Su palabra. ¡El Espíritu Santo ha venido para eso! Si esto es cierto, entonces el Espíritu Santo tratará con todos los discípulos en la escuela de Cristo, para cortar todo lo que no sea verdad, todo lo que no sea auténtico, a fin de que cada discípulo repose sobre un fundamento en el que pueda permanecer delante de Dios en el día de Su absoluta y total justificación.

La Necesidad de un Verdadero Fundamento

Pero para que esto sea así, usted y yo, bajo la enseñanza del Espíritu Santo, tenemos que ser tratados muy fielmente y ser llevados a un lugar en el que seamos perfectamente moldeables delante de Dios, donde haya respuesta total al Espíritu Santo y nada de nosotros se resista o lo rechace. A un lugar donde estemos perfectamente abiertos y listos para que Él ponga Su dedo sobre cualquier cosa en nuestra vida que necesite ser tratada y conformada, y obtenga un mayor resultado. ¡Él está aquí para eso!

La alternativa a esta obra que el Espíritu Santo debe hacer en nosotros, es que nos encontremos en una posición falsa, y es mucho, mucho más costoso encontrarnos en una posición falsa, aun cuando solo sea en ciertos puntos. Este mundo en el que vivimos es un mundo falso, un mundo que es llevado sobre mentiras. Toda la constitución de este mundo es una mentira y dicha mentira está en la naturaleza misma del hombre, pero como las multitudes no lo saben creen estar en lo verdadero. Están tratando de construir el mundo sobre un fundamento falso. El Reino de Dios es completamente "otro"; está construido sobre Jesucristo, la Verdad.

Bien, por el momento, mi énfasis es sobre la necesidad de un verdadero entendimiento con respecto a dónde estamos. Sobre la necesidad de hombres y mujeres en quienes la verdad de Cristo haya sido forjada y sigan con Dios no importa lo que cueste. "Jehová, ¿quién habitará en tu tabernáculo? ¿Quién morará en tu monte santo? El que... habla verdad en su corazón...El que aún jurando en daño suyo, no por eso cambia." Es decir, el que tome la posición de la verdad aunque le cueste caro. Nosotros estamos influenciados por toda clase de consideraciones falsas, influenciados por lo que otros piensan y dicen, especialmente, por aquellos que están en nuestro círculo religioso, los de nuestra tradición. Sus consideraciones e influencias son falsas, y se unen y evitan que hombres y mujeres continúen con Dios en el camino de la luz. Al final, el resultado es un entendimiento falso.

¿Aceptaría usted que le dijera que no hay verdad en nosotros? Esta es una de las cosas que vamos a descubrir en el trato del Espíritu Santo con nosotros, que por naturaleza no hay verdad en nuestra mente. Podemos estar firmemente convencidos, podemos estar dispuestos a dar nuestras vidas por nuestras convicciones y a poner en el crisol todo lo que creemos con todo nuestro ser que es cierto, que es verdad, y de igual modo estar completamente equivocados. Tal fue el caso de Saulo de Tarso: "Yo ciertamente había creído mi deber hacer muchas cosas contra el nombre de Jesús de Nazaret." Otra cita: "...viene la hora cuando cualquiera que os mate [muy celoso por sus convicciones], pensará que rinde servicio a Dios." ¡Pensará que esa es la voluntad de Dios! Algunos, convencidos de que es la voluntad de Dios, dan su propia vida en la fuerza de sus convicciones, o toman la vida de otros en la fuerza de sus convicciones. ¡Cuán lejos vamos a ir en la fuerza de las convicciones y cuán equivocados vamos a estar; totalmente equivocados. Tan absolutamente equivocados como celosos somos!

Una falsa convicción, no hay mente humana que no sea capaz de caer en ese estado. La semilla está en la naturaleza humana, en cada uno de nosotros, en la mente como convicción, en el corazón como deseo. Nosotros podemos pensar que nuestro deseo es perfectamente puro y recto, y puede ser completamente falso; lo mismo con nuestra voluntad. ¡Por naturaleza en nosotros no hay verdad!

Vivir por la Verdad

¿Qué es un cristiano? Un cristiano es alguien que no tenía buen carácter, pero que ahora sí tiene buen carácter; una persona que no era muy cordial, pero que ahora sí es cordial; una persona que no era muy celosa, pero que ahora es muy celosa; una persona de diferente disposición a como era antes. ¿Es esta una verdadera definición de lo que es un cristiano? Deme un botiquín de productos homeopáticos y tráigame a una persona muy irritable. Démosle una dosis de, ¿qué diré? Nuez vómica,[2] y en dos o tres horas será un hombre de muy buen carácter. ¿Es él un cristiano? Démosle otra cosa y devolvámoslo a su estado anterior. ¿Era salvo y ha apostatado?

Las drogas pueden cambiar a un hombre en pocas horas. De ser una persona aletargada, negligente e indiferente, a ser una persona viva, entusiasta, activa. De ser miserable, descontenta, taciturna, melancólica, desagradable e irritable, a ser amable, agradable, aliviada de toda la tensión nerviosa que hacía que fuera así, y libre del desorden digestivo que hacía que fuera un patán con quien vivir. ¡En poco tiempo usted ha hecho un cristiano a punta de drogas! ¿Ve el punto?

¿Dónde está la verdad? Si la verdad de mi salvación descansa en el ámbito de mis sentimientos, de mi sistema digestivo o de mi sistema nervioso, voy a ser un pobre cristiano, porque eso va a cambiar día a día según el clima o cualquier otra cosa. ¡No! ¿Dónde está la verdad? "No lo que yo soy, sino lo que Tú eres." Ahí es donde está la verdad. "Vosotros conoceréis la verdad y la verdad os hará

---

2 Fruto de una árbol medicinal. (Nota del traductor)

libres." ¿Libres de qué? De la esclavitud. ¿Cuál esclavitud? De las cadenas de condenación que Satanás pone rápidamente sobre usted, cuando usted no se siente a la altura. Usted se siente mal en su ser y deprimido, siente la muerte a su alrededor y está irritable, entonces Satanás viene y le dice: "¡Usted no es cristiano! ¡Bonito cristiano!" Y usted se hunde. ¿Es esa la verdad? ¡No, es una mentira! La única respuesta para la liberación y la emancipación es: "No es lo que yo soy, es lo que Él es. Cristo permanece igual." Él no es como nosotros, que cambiamos en esta vida humana hora tras hora, día tras día. ¡Él es Otro!

Perdóneme por enfatizar esto con tanta fuerza, pero realmente creo que es la única forma en que vamos a ser salvos. Jesús dijo: "Yo soy la verdad." ¿Qué es la verdad? Es lo que se opone a todos los argumentos de Satanás, el que es "mentiroso y padre de mentira." Es lo que nos libra de este falso yo que somos. ¡Porque somos un falso yo! Somos un puñado de contradicciones. No podemos estar seguros de que vayamos a pensar lo mismo por mucho tiempo, ni de que nuestras convicciones no vayan a dar media vuelta. ¡No, no se trata de nosotros, se trata de Cristo! Vea cuán falsa puede ser nuestra posición, si estuviéramos en la naturaleza humana ¡Qué juego podría hacer el diablo con nosotros!

Estoy usando estas ilustraciones para llegar al meollo de esto. ¿Qué es la verdad? ¿Qué es verdadero? Bueno, no se encuentra en nosotros. ¡No hay verdad en ninguna parte de nuestro ser! Solo Cristo es la verdad. Usted y yo tenemos que aprender a vivir en Cristo, y mientras no lo hayamos hecho, el Espíritu Santo no podrá hacer otra cosa. Tal vez usted esté diciendo: "¿No es un verdadero cristiano el que tiene mejor temperamento? ¿No hay ninguna diferencia? Entonces, ¿está bien que un cristiano sea irritable y todo eso?" No estoy diciendo eso, no lo estoy absolviendo.

Lo que estoy diciendo es, que el Espíritu Santo no tendrá terreno sobre el cual trabajar para conformarnos a Cristo, en tanto usted y yo no aprendamos a aferrarnos a Cristo por fe. Si insistimos en vivir sobre la base falsa del yo, el Espíritu Santo nos dejará solos. Pero cuando vivimos por la fe de Cristo, el Espíritu Santo puede llegar y hacer que Cristo sea real en nosotros, nos enseñe victoria, nos enseñe dominio, que por medio de la liberación, nos enseñe cómo no ser presa de buenos o malos sentimientos en nosotros, y a vivir en otra naturaleza por completo. Cuando usted realmente se coloca sobre el terreno de Cristo, reduce en gran manera el terreno de abajo.

Tomemos la irritabilidad, por ejemplo. Quizás algunas personas nunca hayan sufrido de esta manera, pero otras sí saben lo que es esta batalla. Tomemos este caso. Hoy nos sentimos nerviosos, tensos, insuficientes. ¿Qué vamos a hacer al respecto? ¿Vamos a hacer que estos sentimientos sean nuestra vida cristiana o la negación de nuestra vida cristiana? Si nos metemos en ese terreno, Satanás estará pronto a sacar el máximo provecho de ello, a llevarnos a una terrible esclavitud y a matar toda vida espiritual. Pero si usted asume la posición de: "Sí, así es como me siento hoy, es mi debilidad hoy. Pero Señor Jesús, Tú eres "otro" diferente de mí, y descanso en Ti, me aferro a Ti y te hago mi vida." ¿Ve lo que ha hecho? Ha reducido por completo el terreno debajo de los pies del diablo, y encontrará que hay paz y descanso en esto, y aunque es posible que aún se sienta mal externamente, en su interior usted está en reposo. El enemigo es excluido de su interior, no tiene lugar ahí; la paz de Dios se levanta como un centinela del corazón y de la mente a través de Jesucristo; la ciudad está segura.

Satanás siempre está tratando de llegar al espíritu a través del cuerpo o del alma para capturar la fortaleza y ponerla en esclavitud. Pero nosotros podemos permanecer libres interiormente aunque nos sintamos muy mal externamente. Esto es libertad mediante la verdad. ¡Esa es la verdad! No es una cosa ni una afirmación, es una Persona. La verdad es lo que es Cristo, y Él es completamente diferente de lo que somos nosotros.

Pues bien, el Espíritu Santo, como el Espíritu de Verdad, nos enseña que permanecer en Cristo es de lo que se trata todo, la alternativa a esto sería, que nos metamos de manera mental, en nosotros, en otras personas o en el mundo. ¡Permanezcamos en Cristo y hallaremos descanso, paz y liberación! Pero no hay que olvidar, que si vamos en serio con el Espíritu Santo, Él no va a permitir que seamos engañados. Es decir, el Espíritu Santo va a exponer nuestro verdadero yo. Nos va a descubrir y a mostrar a fondo que no hay nada sólido ni confiable en nosotros, a fin de dejar muy claro, que solo en Cristo, el Hijo de Dios, hay garantía, seguridad y vida.

Tengo una sensación de fracaso al tratar de transmitirles a ustedes lo que tengo en mi corazón. Muchas personas piensan que la vida espiritual, que la vida del hijo de Dios es un asunto de cosas. Que es una cosa llamada "el mensaje de la cruz." Que es una cosa llamada "santificación." Que es una cosa llamada "liberación." Que es una cosa llamada "morir con Cristo." Una cosa. Esas personas tratan de apoderarse de ella, pero no hay liberación alguna de esa manera. ¡No funciona! ¡La "cosa" no funciona! Todo tiene que ver con la Persona, con el Señor Jesús, y el Espíritu Santo nunca nos salvará por medio de una "cosa." Él siempre nos llevará a la Persona y hará de Cristo el fundamento de nuestra vida, de nuestra liberación, de nuestro todo. Así que la palabra es Cristo Jesús, "...el cual nos ha sido hecho por Dios sabiduría, justificación, santificación y redención."(1 Corintios 1: 30).

La Permanente Necesidad de Fe

Bueno, tengo que concluir. La obra del Espíritu Santo es conformarnos a Cristo, hacernos tomar la forma de Cristo, formar a Cristo en nosotros, pero Cristo siempre será "otro," siempre será diferente de nosotros, por lo que nunca dejará de haber un llamado a tener fe. ¿Espera usted alcanzar un punto en este caminar terrenal en donde se pueda prescindir de la fe? ¡Esa es una falsa esperanza! La fe va a ser requerida en sus últimos momentos de vida, si no más que en cualquier otro momento. La fe es una permanente necesidad, es necesaria durante toda la vida. Si esto es cierto, en sí mismo descarta cualquier esperanza de que tengamos en nosotros mismos a Cristo. Ese fue el primer pecado de Adán, la elección de lo suyo, la de no tenerlo todo en Dios; la elección de tenerlo todo en sí mismo en independencia y deshacerse de la idea de la fe. Así que él pecó por incrédulo, y todo el pecado que ha existido desde entonces se le atribuye a esta misma realidad: Incredulidad.

La fe es el gran factor de la redención, de la salvación, de la santificación, de la glorificación; todo es mediante la fe. ¡Ella deshace la obra del diablo! La fe simplemente significa, que hemos sido colocados en una posición que no tenemos en nosotros mismos, solo la tenemos en Otro, que se conoce y se disfruta de ella solo mediante la fe de ese Otro. Por lo tanto, Gálatas 2: 20 siempre viene con renovado vigor: "Con Cristo estoy juntamente crucificado, y ya no vivo yo, mas vive Cristo en mí; y lo que ahora vivo en la carne, lo vivo en la fe del Hijo de Dios, el cual me amó y se entregó a sí mismo por mí." Yo vivo la vida en la carne, en la fe del Hijo de Dios. ¡Qué el Señor interprete Su palabra para nosotros!

Capítulo III

Aprendiendo por Revelación

Vamos a comenzar leyendo los siguientes pasajes:

Ezequiel 40:2-4, *"En las visiones de Dios, Él me trajo a la tierra de Israel, y me puso sobre un monte muy alto, sobre el cual estaba como el marco de una ciudad en el sur. Y él me llevó allí, y he aquí, había un hombre, cuyo aspecto era como de bronce, con una tira de lino en su mano, y una caña de medir, y se quedó en la puerta. Y el hombre me dijo: Hijo del hombre, contempla con tus ojos, y oye con tus oídos, y graba en tu corazón todo lo que te mostraré, pues, con la intención de que yo te lo pueda mostrar a ti, has sido traído a este lugar: cuenta todo lo que veas a la casa de Israel."*

Ezequiel 43:10-11, *"Tú, hijo del hombre, muestra la casa a la casa de Israel, para que se*

*avergüence de sus iniquidades. Y si se aver-
güenzan de todo lo que han hecho, dales a
conocer la forma de la casa, y su conformación,
y sus corrales, y sus entradas, y todas sus
formas, y todas sus leyes, y las escribiré ante su
vista; para que guarden toda su forma, y todas
sus reglas, y las practiquen."*

Juan 1:1-4, *"En el principio era el Verbo, y el
Verbo era con Dios, y el Verbo era Dios. Éste
era en el principio con Dios. Todas las cosas
por él fueron hechas, y sin él nada de lo que hay,
habría sido hecho. En él estaba la vida y la vida
era la luz de los hombres."*

Juan 1:14, *"Y el Verbo se hizo carne, y habitó
entre nosotros (y vimos su gloria, gloria como
del unigénito del Padre), lleno de gracia y
verdad."*

Juan 1:51, *"...Y le dijo: De cierto, de cierto os
digo, veréis el cielo abierto y a los ángeles de
Dios que suben y descienden sobre el Hijo del
hombre.*

La Respuesta de Dios a un Estado de Decadencia

Hemos observado que cuando el pensamiento divino,
representado por el templo y Jerusalén, fue abandonado y
perdido, y la gloria de Dios había salido, se le concedió a
Ezequiel presenciar y escribir la visión de una nueva casa

celestial, una casa medida y definida en cada detalle desde arriba. De la misma manera, cuando la iglesia de los tiempos del Nuevo Testamento había perdido su pureza, verdad y poder, su carácter celestial y su orden, y la gloria primitiva de aquellos primeros días del Nuevo Testamento se estaba apagando, fue llamado Juan por el Espíritu para que pusiera a la vista en una presentación espiritual, a la nueva, maravillosa y celestial Persona del Señor Jesús. Esa nueva presentación celestial de Cristo la tenemos en el evangelio de Juan, en sus cartas y en el Apocalipsis. Debemos recordar que el evangelio de Juan, en cuanto al tiempo, es prácticamente el último escrito del Nuevo Testamento.

El significado real de esto no ha caído sobre nosotros con el debido poder y magnificencia. Nosotros tomamos los evangelios tal como están dispuestos en el Nuevo Testamento, e inmediatamente somos llevados de regreso a los días de la vida de nuestro Señor en la tierra, y desde el punto de vista del tiempo, ahí es donde nos encontramos cuando leemos los evangelios. El resto del Nuevo Testamento no ha ocurrido aún para nosotros, tanto los escritos como la historia que sigue están por suceder. Es casi inevitable, por supuesto, forzoso, tal vez, pero debemos tratar de liberarnos de ese entendimiento.

¿Por qué fue escrito el evangelio de Juan? ¿Fue escrito solo como un registro de la vida del Señor Jesús aquí en la tierra, para acompañar otros tres registros y así preservar una historia de la vida terrenal del Señor Jesús? ¿Es así? ¡Esa es prácticamente la única razón para una gran mayoría! Los evangelios son leídos con el fin de estudiar la vida de Jesús mientras estuvo en la tierra. Eso puede ser muy bueno, pero quiero hacer fuerte hincapié, que esta no era la intención primaria del Espíritu Santo al inspirar la escritura de los evangelios. Esto se ve, particularmente, en el caso del evangelio de Juan, escrito mucho tiempo después de todo lo demás, al final de todo, porque cuando Juan escribió sus últimos escritos, los otros apóstoles habían muerto. El evangelio de Juan fue escrito cuando la iglesia del Nuevo Testamento, como ya lo hemos dicho, había perdido su forma original, su poder y su vida espiritual, su carácter celestial y orden divino. Fue escrito en medio de las condiciones que se describen en los mensajes a las iglesias en Asia al comienzo del Apocalipsis, y que pueden deducirse muy claramente de sus cartas.

¿Cuál era la intención? Bueno, como dice Juan, las cosas no son como eran ni como Dios designó que fueran, ellas ya no representan el pensamiento de Dios en y para Su pueblo. El orden celestial se ha roto y se sigue rompiendo aún más. La naturaleza celestial se ha perdido y algo terrenal está tomando forma en el cristianismo. La verdadera vida se está perdiendo y la gloria está desapareciendo. Ante esta situación Dios reacciona con una nueva presentación celestial y espiritual de Su Hijo, porque los rasgos o características de Juan son de naturaleza celestial y espiritual. ¿No es cierto? Sí, aquí hay una nueva exhibición de Su Hijo. ¡Y qué clase de exhibición! No solo y únicamente como Jesús de Nazaret, sino como el Hijo del Hombre, como el Hijo de Dios. Desde la eternidad y con toda la plenitud de la esencia divina, Dios revelado y manifestado en el hombre para que Su pueblo pueda ver.

Por lo tanto, debemos llegar al punto de vista del Espíritu Santo en el evangelio escrito por Juan y en sus otros escritos, y solo ver que cuando todo el pensamiento original de Dios se ha perdido, la revelación celestial ha desaparecido y la gloria celestial se ha retirado, la manera en que Dios lo recobra es exhibiendo de nuevo a Su Hijo. No lo regresa a usted al sistema de la iglesia, del evangelio o de la doctrina, exhibe a Su Hijo. Trae a Cristo otra vez ante los ojos del corazón de Su pueblo, en la enormidad de Su significado celestial y espiritual. Esta es la respuesta que vemos en Juan a las condiciones que encontramos en el Nuevo Testamento, y que tan claramente muestran que la iglesia estaba perdiendo su posición celestial, que todo tipo de cosas estaban entrando y que todo se estaba volviendo terrenal.

¿Qué va a hacer Dios? ¿De qué manera salvará Su propósito que parece estar tan peligrosamente cerca de perderse? Exhibirá a Su Hijo otra vez. Recordemos, la respuesta de Dios para cada movimiento siempre está en Su Hijo. Ya sea un movimiento en el mundo encabezado por el anticristo, la respuesta de Dios al anticristo será Cristo en el pleno resplandor de Su gloria divina; o, sea la iglesia en decadencia y apostasía, la respuesta de Dios estará en Su Hijo.

Este es el significado de las palabras de apertura del libro de Apocalipsis. La iglesia ha perdido su lugar, la gloria ha salido, pero Dios irrumpe con una presentación de Su Hijo: "Yo Soy...el que vivo, y estuve muerto; y he aquí que vivo por los siglos de los siglos. Y tengo las llaves de la muerte y del Hades." Cristo es presentado, y luego, todo es medido y juzgado en la luz del Hombre celestial que tiene la caña de medir en Su mano. Si solo vemos esto y lo cogemos es suficiente. Para Dios y para nosotros todo está ligado con la revelación del Señor Jesús en el corazón. Ella no estará, como he dicho, en la recuperación del sistema del Nuevo Testamento. No estará en la restauración del orden del Nuevo Testamento. Ni siquiera, en la reafirmación de la verdad y de la doctrina del Nuevo Testamento. Estas son cosas y pueden ser usadas para formar un marco, pero no pueden garantizar la vida, el poder y la gloria.

Hay muchos en esta tierra que tienen la doctrina, el sistema y el orden del Nuevo Testamento, pero es una estructura fría y muerta. La vida y la gloria no están ahí, el deleite no está ahí. No, el camino de la gloria de Dios está en Su Hijo, el camino de la vida de Dios está en Su Hijo, el camino del poder de Dios está en Su Hijo, el camino de la naturaleza celestial de Dios está en Su Hijo. De esto se trata el evangelio de Juan, es lo que Dios está diciendo, que todo está en el Hijo, que la única necesidad es ver al Hijo, y que si usted ve al Hijo porque Dios le abre sus ojos, lo demás vendrá después.

"¿Cómo te abrió los ojos?" ¿Quién lo hizo? ¿Cómo lo hizo? La respuesta o reacción del hombre al interrogativo fue: "Ustedes me están preguntando por la técnica de las cosas y yo no soy capaz de darles la técnica, no se las puedo explicar, pero tengo la realidad y es lo que importa." "Una cosa sé, que habiendo yo sido ciego, ahora veo." Es la luz por la vida. "En él estaba la Vida y la Vida era la Luz..." No queremos solo dar la técnica de la verdad, exponerla y definirla. ¡Eso no es lo primero! Lo principal es, que la vida produce la luz y que es en la revelación del Hijo.

Cristo Es Conocido Solamente por Revelación

Si yo tuviera que resumirlo todo sería así. En primer lugar, Dios ha encerrado todo lo Suyo dentro de Su Hijo, y ahora no es posible conocer o tener algo de Dios fuera del Señor Jesús, Su Hijo. Dios ha hecho de esto una cosa resuelta, final y concluyente.

En segundo lugar, no es posible tener o conocer algo de la plenitud que Dios ha encerrado en su Hijo, sin la revelación del Espíritu Santo de manera interna. Tiene que mediar un milagro forjado por el Espíritu Santo dentro de cada hombre y mujer, si se quiere conocer algo de lo que Dios ha encerrado en Cristo.

Esto resume una vez más el evangelio de Juan, porque en el centro del libro hay un hombre ciego de nacimiento, nunca ha visto (Juan 9). El suyo no es un caso de restauración, es una dádiva de vista. ¡Eso es lo primero! Va a ser un mundo absolutamente nuevo para este hombre. Todo lo que pudo haber supuesto, adivinado, imaginado o habérsele descrito, va a ser algo con un nuevo comienzo al ver realmente. Será un milagro absoluto que producirá un mundo totalmente nuevo, y todas sus conjeturas de qué contenía el mundo y cómo era, demostrarán haber sido inadecuadas cuando realmente vea. Nada va a ser visto, salvo por el milagro forjado en el interior.

Hasta ahora tenemos que Dios ha encerrado todo lo Suyo dentro Su Hijo y que nadie puede conocer algo de eso, salvo que le sea revelado. "...nadie conoce al Hijo, sino el Padre, ni al Padre conoce alguno, sino el Hijo, y aquel a quien el Hijo lo quiera revelar." La revelación solo puede venir por elección del Hijo.

En tercer lugar, Dios mantiene la revelación de Sí mismo en Cristo ligada a situaciones prácticas. Usted y yo no podemos obtener revelación si no es en conexión con alguna necesidad. No podemos obtenerla, simplemente como una cuestión de información; eso es información, no revelación. Ni tampoco podemos obtenerla a través del estudio. Cuando el Señor dio el maná en el desierto (tipo de Cristo como el pan del cielo), estipuló firmemente que nadie debía recoger ni un pedazo más de lo necesario para el día, y que si se excedían en la medida de la necesidad inmediata, enfermedad y muerte se desatarían y los alcanzarían. El principio, la ley del maná es que Dios mantiene la revelación de Sí mismo en Cristo, ligada a situaciones concretas de necesidad, y que nosotros no vamos a tener revelación como una mera enseñanza, doctrina, interpretación, teoría o cualquier cosa semejante, lo cual significa, que Dios va a ponernos a usted y a mí en situaciones donde sólo la revelación de Cristo puede ayudarnos y salvarnos.

Note que los apóstoles obtuvieron su revelación para la iglesia en situaciones prácticas. Nunca se reunieron para tener una mesa redonda y elaborar un plan de doctrina y práctica para las iglesias. Se pusieron en camino y enfrentaron situaciones desesperadas, y en las situaciones que los apretaban tuvieron que ir delante de Dios y recibir revelación. El Señor les daba luz para la situación. El Nuevo Testamento es el libro más práctico, ya que nació a partir de situaciones apremiantes. Podríamos decir que la revelación de Cristo en situaciones de emergencia, es la manera de mantener a Cristo vivo y la única en la que Cristo vive realmente en los Suyos.

Ahora bien, es por eso que el Señor nos mantiene en situaciones agudas y reales. Él está en contra de que salgamos con líneas teóricas y técnicas sobre la verdad. ¡Oh! Rehuyámosle al procedimiento como fin en sí mismo y reconozcamos, que si bien es cierto el Nuevo Testamento tiene en sí una estructura, nosotros no podemos sólo extraerla y aplicarla. Tenemos que entrar en situaciones del Nuevo Testamento, para obtener revelación de Cristo para enfrentar esa situación. Así pues, el Espíritu Santo trata con nosotros llevándonos a condiciones, situaciones y necesidades vivas y reales, en las que sólo un conocimiento fresco del Señor Jesús puede ser nuestra liberación, nuestra salvación, nuestra vida. Entonces nos da, no una revelación de la verdad, sino una revelación de la Persona, un nuevo conocimiento de la Persona, para que lleguemos a ver a Cristo de tal manera que satisfaga justamente nuestra necesidad. No estamos recurriendo a "algo," sino a "Él."

"En el principio era la Palabra." Él es la Palabra. El sentido de esta designación es solo esto: Que Dios se ha hecho inteligible para nosotros en una Persona, no en un libro. Dios no ha escrito en primer lugar un libro, aunque tenemos la Biblia; ha escrito una Persona. En uno de sus libritos, el Dr. A.B. Simpson lo ilustra de esta manera. Dice que en una ocasión vio la Constitución de los Estados Unidos por escrito, y que estaba escrita en un pergamino. Se acercó y pudo leer todos los detalles de la Constitución, sin embargo, al alejarse unas yardas lo único que podía ver era la cabeza de George Washington en el pergamino. Entonces, se acercó de nuevo y vio que la Constitución estaba escrita en luz y sombra para que tomara la forma de la cabeza de George Washington. Así es. Dios ha escrito la revelación de Sí mismo, pero en la Persona de Su Hijo, en el gobierno del Señor Jesús, y usted no puede tener la constitución del cielo, excepto en la Persona. La constitución del cielo es la Persona en la forma del Hijo de Dios.

Esta es solo una afirmación de las cosas. Confío en que usted se apoderará de los hechos establecidos y acudirá al Señor con eso. No pida luz como una cosa, pida un conocimiento más completo del Señor Jesús. Esa es la manera, la única manera viva para conocerlo. Recuerde que Dios mantiene el conocimiento de Sí mismo en Cristo, siempre ligado a situaciones prácticas. Son las dos caras de una moneda. Si estamos en la mano del Espíritu, Él nos introducirá en una situación que haga necesario un nuevo conocimiento del Señor. Esa es una cara. Y si estamos en una situación muy dura y muy difícil, estamos en posición de pedir una revelación del Señor. Esa es la otra cara.

Capítulo IV
La Casa de Dios

Vamos a comenzar leyendo los siguientes pasajes:

Ezequiel 40:2-4, *"En visiones de Dios me llevó a la tierra de Israel, y me puso sobre un monte muy alto, sobre el cual había un edificio parecido a una gran ciudad, hacia la parte sur. Me llevó allí, y he aquí un varón, cuyo aspecto era como aspecto de bronce; y tenía un cordel de lino en su mano, y una caña de medir; y él estaba a la puerta. Y me habló aquel varón, diciendo: Hijo de hombre, mira con tus ojos, y oye con tus oídos, y pon tu corazón a todas las cosas que te muestro; porque para que yo te las mostrase has sido traído aquí. Cuenta todo lo que ves a la casa de Israel."*

Ezequiel 43:10-11, *"Tú, hijo de hombre, muestra a la casa de Israel esta casa, y avergüéncense de sus pecados; y midan el diseño de* *ella. Y si se avergonzaren de todo lo que han hecho, hazles entender el diseño de la casa, su disposición, sus salidas y sus entradas, y todas sus formas, y todas sus descripciones, y todas sus configuraciones, y todas sus leyes; y descríbelo delante de sus ojos, para que guarden toda su forma y todas sus reglas, y las pongan por obra."*

Recuerde que esto sucede en el tiempo en que todos los tipos de Dios mediante los cuales Él había establecido Sus pensamientos en medio de Su pueblo se habían roto y perdido, y la gente estaba lejos del contacto tanto espiritual como literal de esas cosas (el templo, Jerusalén, etc.). El Señor tomó a su siervo Ezequiel y en visiones de Dios lo llevó de regreso a la tierra, lo colocó sobre un alto monte, le mostró en visión la ciudad y la magnífica casa celestial, nueva y espiritual.

La visión y la revelación dadas fueron muy completas, amplias y detalladas, y el profeta fue llevado a cada punto, a cada ángulo y a través de todo este templo espiritual paso a paso; adentro, afuera, arriba, a través, alrededor. El ángel con la vara de medir daba todas las dimensiones, las medidas de todo...la más exhaustiva definición de toda la casa espiritual. Luego y además de presenciar toda la forma, las ordenanzas, el sacerdocio, los sacrificios y todo lo demás, el profeta recibió la orden de mostrar la casa a la casa de Israel y de darle todos los detalles del pensamiento divino.

En la lección anterior señalamos, a este respecto, que cada vez que hay una desviación de los pensamientos divinos, que cada vez que hay una pérdida de la revelación original de Dios, que cada vez que lo celestial, lo espiritual, el poder divino de lo que es de Dios deja de operar en medio de Su pueblo, que cada vez que la gloria se aparta, la reacción del Señor a tal estado de cosas es poner de nuevo a Su Hijo a la vista. Y lo seguimos viendo justo en la historia de la Iglesia, en los primeros días.

Cuando las cosas de la gloria principal cambiaron, Juan fue utilizado por el Espíritu Santo a través de su evangelio, de sus cartas y del Apocalipsis para colocar otra vez a la vista al Señor Jesús en forma completa, celestial y espiritual. Esto nos recuerda que el Evangelio de Juan es prácticamente el último libro del Nuevo Testamento que fue escrito, para que en valor y relevancia espiritual se destaque de todo lo demás que fue escrito en el Nuevo Testamento. Es decir, este evangelio representa una nueva irrupción de Dios, con una nueva presentación de su Hijo en términos celestiales y espirituales, y en un momento en que las cosas se habían ido por mal camino.

Me siento obligado a decir que nos quedemos con lo siguiente. Cuando tengamos el Evangelio de Juan abierto ante nosotros, desde el primer capítulo, tengamos en cuenta que este es Dios volviendo a la plenitud de Su pensamiento para con Su pueblo. El significado es justamente ese: Cristo es la plenitud del pensamiento de Dios para nosotros. El Espíritu Santo (representado por el ángel en Ezequiel) ha venido con el objetivo y propósito expreso de darnos y conducirnos al detalle de Cristo, para que obtengamos una expresión completa y pormenorizada del pensamiento divino en Cristo y que seamos introducidos allí.

Usted puede notar que con Juan se obtiene una presentación fresca, grande y eterna: "En el principio era el Verbo, y el Verbo era con Dios, y el Verbo era Dios." Éste es el trasfondo eterno del pensamiento divino. Un poco más adelante prosigue: "Y el Verbo se hizo carne, y habitó entre nosotros." Este es el pensamiento divino que sale de la eternidad y se planta justo en el medio de manera completa y total. Todos los pensamientos de Dios se resumen en su Hijo, el gran Pensamiento Eterno, y en medio de los hombres se centran en la persona de Cristo. Luego avanza hasta el final del primer capítulo (y no estoy tocando todo lo que hay entre estos puntos) y por implicación se llega a algo que es muy hermoso, si usted reconoce su importancia. Se trata de lo dicho a Natanael. Siempre es interesante notar que fue a Natanael, si hubiera sido a Pedro, a Santiago o a Juan, bien podría haberse concluido que este era una especie de círculo íntimo. Pero fue a Natanael, que estaba en un círculo más amplio de asociación con Cristo, y por lo tanto, lo que se le dijo a él es lo que se le dice a cada uno. "Veréis el cielo abierto, y a los ángeles de Dios que suben y descienden sobre el Hijo del Hombre."

Betel, la Casa de Dios

Instintivamente somos llevados por estas palabras de vuelta al Antiguo Testamento, al libro del Génesis y Jacob salta inmediatamente a la vista. Recordamos a Jacob en su camino entre dos puntos, en un lugar intermedio, entre el cielo y la tierra. Ni totalmente la tierra, ni totalmente el cielo, sino en un lugar intermedio. Esa noche, en ese lugar intermedio, en algún sitio al aire libre, se acostó, se durmió y soñó. Soñó que había una escalera que estaba apoyada en la tierra y que su parte superior llegaba hasta el cielo. Vio que por ella subían y bajaban ángeles, que arriba de la escalera estaba el Señor y que Él le hablaba. Entonces Jacob se despertó y dijo: "Ciertamente Jehová está en este lugar, y yo no lo sabía... este lugar, no es otra cosa que casa de Dios...Y llamó el nombre de aquel lugar, Betel" o casa de Dios.

El Señor Jesús se apropió y se aplicó esto a Sí mismo en las palabras a Natanael. De hecho o por implicación dijo: "Yo soy Betel, la Casa de Dios. Soy lo que no es totalmente de la tierra, aunque apoyado en ella, ni totalmente del cielo en mi capacidad actual, aunque apoyado en él. Estoy aquí, entre el cielo y la tierra, en el lugar de encuentro de Dios y el hombre, la Casa de Dios, en Quien Dios habla, en Quien Dios se revela. Él habla en Su casa, Él se revela en Su casa. La comunicación de Dios con este mundo es en Mí y sólo en Mí,...nadie viene al Padre sino por mí." Bien podría haber dicho, aunque no hay registro de que lo dijera alguna vez: "El Padre no viene a nadie, sino por Mí."

Ahora bien, es solo esta casa de Dios representada por Cristo la que es nuestro pensamiento (preámbulo del testimonio práctico del bautismo), Jesús, la casa de Dios. Sabemos, por supuesto, que todas las otras casas en la Biblia son sólo una ilustración de Él. Ya sea el tabernáculo en el desierto, el templo de Salomón, cualquier templo posterior que tuviera la intención de cumplir la misma función, o cualquier cosa que en términos más espirituales en el Nuevo Testamento se llamara iglesia, es Cristo. En el pensamiento de Dios solo es Cristo, no hay nada que no sea Cristo y nada extra a Cristo que sea la iglesia o la casa de Dios.

En estas lecciones el Señor está tratando de subrayar la manera en que Él lo ha ligado todo en forma definitiva, concluyente y exclusiva con su Hijo, y que no hay nada que se obtenga de Dios sino en Cristo y por revelación del Espíritu Santo, según es revelado Cristo por Él en nuestros corazones. Así que, el Señor Jesús al ser la casa de Dios cumple todas las funciones que están en tipo y establecidas en estas otras casas en esta tierra.

Usted comienza con el lugar más santo, el Lugar Santísimo. En Él está el Lugar Santísimo, en donde Dios verdadera, personal y realmente mora, donde Él tiene Su habitación. Dios está en Cristo y en ningún otro habita en el mismo sentido. Es cierto que el Padre levantará su morada en nosotros, pero hay una diferencia, porque el Padre venga a morar en nosotros, no nos constituimos en otros tantos "Cristos." No estamos habitados en el mismo sentido por Dios, como lo estaba en el Hijo. Veremos la diferencia en un minuto. La morada de Dios en Cristo es única y el Lugar Santísimo está solo en Él. En Él está el oráculo, es decir, la voz que habla con autoridad final. La autoridad definitiva de la voz de Dios está en Cristo y sólo en Él.

Los tres discípulos en el Monte de la Transfiguración estaban en una posición muy elevada, tanto en sus almas como en sus cuerpos. ¡Fue una experiencia maravillosa, un acontecimiento espiritual tremendo! Pero aún así, cuando usted está en un estado espiritual muy exaltado y elevado, lleno de aspiraciones y expresiones espirituales, puede cometer errores muy graves. Así Pedro, con el más puro de los motivos y la más alta de las intenciones dijo: "Señor, es bueno para nosotros estar aquí: si quieres, hagamos aquí tres enramadas, una para ti, otra para Moisés y otra para Elías." Y mientras aún hablaba, como si Dios hubiera intervenido, y no le hubiera dado la oportunidad de terminar y hubiera dicho: "Basta ya," una nube lo cubrió todo y una voz del cielo dijo: "Este es mi Hijo amado, en quien tengo complacencia; a él oíd."

No empiece usted a darles expresión a sus pensamientos e ideas aquí en esta posición, la última palabra de autoridad está en Él. ¡Esté en silencio ante Él! Su éxtasis espiritual no debe tener lugar aquí, ni tampoco verse influenciado por sus sentimientos más exaltados. La voz autorizada de Dios en Cristo es la palabra final de autoridad, el oráculo que está en Él como en el santuario antiguo. Por eso podemos pasar por todo ese tabernáculo o templo, tomarlo todo punto por punto y verlo a Él como el cumplimiento de todo, como la casa de Dios, donde Dios se encuentra y donde Dios se comunica.

La Casa Corporativa de Dios

Ahora, ¿cuál es la casa de Dios en su sentido más pleno, en su sentido corporativo o colectivo? Para usar esa frase maravillosa con sus casi doscientas citas en el Nuevo Testamento, es todo lo que se denomina "en Cristo." Si estamos en la casa de Dios, solo estamos en la casa de Dios porque estamos en Cristo. Estar en Cristo es estar en la casa de Dios, y no estar en Cristo Jesús es estar fuera de la casa de Dios. Él es la casa de Dios y nosotros estamos alojados en Él, pero estar en Cristo significa una total exclusión de todo lo que no es Cristo.

En lecciones anteriores nos esforzamos por dejar muy claro, la total y absoluta "otredad" de Cristo respecto a nosotros mismos, incluso, respecto a lo mejor de nosotros. Cuán totalmente diferente es Él del hombre, incluso, de lo mejor del hombre religioso. Diferente en mente, diferente en corazón, diferente en voluntad y totalmente diferente en naturaleza. Aún bajo la tutela del Espíritu Santo, nos lleva toda una vida descubrir cuán diferentes somos de Cristo y cuán diferente es Él de nosotros. Pero Dios ha establecido esa diferencia absoluta desde el principio. Él no necesita una vida entera para descubrir la diferencia. Él la conoce y ha establecido esa absoluta posición desde Su propio punto de vista, justo desde el principio.

Él ha dicho, de hecho: "La diferencia entre usted y Cristo es tan completa y definitiva, que es la anchura y la profundidad de una tumba." Es nada menos que la plenitud de la muerte. No se puede eludir. La muerte y la tumba son el final. Por un lado, es el fin absoluto de lo que es usted, y si hubiera algo después, la muerte debe estar en medio. Por otro lado, cualquier cosa posterior sólo puede ser mediante la resurrección; la salida de usted mismo y la entrada en Él a través de una muerte y de una resurrección. Así que, en dicha muerte, se considera que usted ha salido del reino de lo que usted era, incluso de lo mejor de usted, y que ha entrado al reino de lo que Él es. La profundidad de la tumba yace entre usted y Él, y no hay manera de eludirla. ¡Es el fin! Entrar a la casa de Dios significa eso.

El Altar

En Juan 1 nos damos cuenta de que la verdad está expuesta ahí de manera representativa. Se desarrolla más completa y claramente en el Nuevo Testamento después, cuando el Espíritu Santo llega para tal fin. Él ha venido a tomar lo que Cristo ha dicho y llevarlo a cabo en todo su sentido. No obstante, en Juan 1, mucho antes de que usted llegue a la casa de Dios, tiene esta palabra: "He aquí el Cordero de Dios, que quita el pecado del mundo." Antes de que usted pueda entrar a la casa tiene que pasar por el altar, siempre es así. Así es en el tabernáculo y así es en el templo. En realidad usted no puede entrar en el santuario, en la casa, hasta que haya pasado por el altar. El Cordero de Dios y el altar se levantan y prohíben el paso hacia el santuario; dicho Cordero habla de esa muerte en nuestro lugar y de la salida de nosotros mismos.

En primer lugar nos identificamos con Cristo en Su muerte; Su muerte como nuestra muerte. Luego, en virtud de la sangre que es rociada por todo el camino del altar al Lugar Santísimo, en virtud de esa preciosa sangre se abre un camino de vida. Es Su sangre, no la nuestra; no es nuestra vida arreglada, ni nuestra vida mejorada; no es nuestra vida en lo absoluto, sino la de Él. Es Cristo y sólo Cristo en virtud de cuya Vida entramos en la presencia de Dios. Ningún sumo sacerdote se atrevía a entrar a la presencia de Dios, salvo en la virtud de la sangre, la sangre del cordero, la sangre del altar. ¡He aquí el Cordero de Dios! Esto se levanta justo en el camino a la Casa...la muerte en el juicio...lo que somos. Bueno, estos son indicios de que se está viendo más de lo que soy capaz de decir, eso espero.

Pero lo que está particularmente "sobre la mesa" en este momento, es el asunto de estar en Cristo, y por lo tanto, de estar en la casa de Dios. La casa de Dios es Cristo y si hablamos de la casa de Dios como algo corporativo o colectivo en la cual estamos, es solo porque estamos en Cristo. Los que están en Cristo están en la casa de Dios, y son la casa de Dios por su unión con Él. Ellos han entrado en el lugar donde está Dios, donde Dios habla, donde se conoce a Dios y donde la autoridad de Dios está absolutamente en Cristo. Esto nos lleva a pensar en Colosenses, en lo que dice Pablo: "Él es el cabeza de la iglesia." Vemos el Cuerpo y su Cabeza. El señorío de Cristo implica la autoridad de Dios investida en Él para gobernar.

El Bautismo

Hay un primer paso hacia la casa, a saber, el altar, la muerte, y eso es lo que el bautismo está destinado a exponer; que tomamos nuestro lugar en Cristo, que nos representa como el final de todo lo que somos en nosotros mismos. No sólo son nuestros pecados los que son quitados, somos quitados nosotros, que somos completamente diferentes de Cristo. Desde la perspectiva de Dios es el fin de nosotros. ¡Entendamos esto! Esta es la perspectiva de Dios: En la muerte de Cristo, Dios nos ha puesto fin en nuestra vida natural. En la resurrección de Cristo y en nuestra unión con Él, ya no somos nosotros los que existimos. Existe solo Cristo y la obra del Espíritu Santo en el hijo de Dios es hacer en nosotros lo que ha sido establecido en su verdadera finalidad.

¡No tenemos que morir, estamos muertos, y lo que tenemos que hacer es aceptar nuestra muerte! Si fallamos en ver esto, estaremos luchando todo el tiempo por llevarnos a nosotros mismos a la muerte. Este es un entendimiento asentado, establecido y final de Dios en lo que a nosotros se refiere. Este es el significado de considerarse usted mismo muerto; es tomar el lugar que Dios ha designado para nosotros, entrar en él y decir: "Acepto la posición que Dios ha fijado en lo que respecta a mí mismo. La acción del Espíritu Santo es lidiar con el resto, pero acepto el final." Si usted y yo alguna vez llegamos a un lugar donde nos apartamos de los tratos del Espíritu Santo con nosotros, lo que en realidad estamos haciendo es algo más que negarnos a seguir adelante, es negarnos a aceptar la posición original. ¡Y es mucho más grave! Realmente es revocar la posición que una vez tuvimos con Él.

Tenemos entonces, que el bautismo es el altar donde Dios nos considera muertos en Cristo, y donde nosotros simplemente entramos y decimos: "Esta posición que Dios ha establecido con respecto a mí es la que yo acepto ahora, y doy testimonio aquí y de esta manera del hecho de que he aceptado la posición de Dios para mí, es decir, de que en la cruz he sido llevado a un final." El Señor Jesús lo tomó de esta manera y colocó el bautismo al comienzo mismo de su vida pública. Desde ese momento y bajo la unción del Espíritu, se negó a escuchar Su propia mente separada de Dios, y se negó a ser influenciado de alguna manera por lo que surgiera de los dictados de Su propia humanidad, sin pecado como era, pero separada de Dios.

A lo largo del camino Él fue gobernado por la unción en lo que dijo, en lo que hizo, en lo que se negó a hacer, a donde fue y cuando fue. Rechazó cualquier otra influencia, fuera de los discípulos, del diablo o de cualquier otra dirección. Su actitud era: "Padre, ¿qué te parece esto? ¿Qué quieres? ¿Es éste Tu momento?" ¡En efecto, Él lo dijo todo el tiempo! "No Mi voluntad sino la Tuya. No Mis juicios, sino los Tuyos. No Mis sentimientos, sino lo que Tú sientes al respecto." Usted lo ve, Él en efecto había muerto y en efecto había sido enterrado. Su bautismo significó eso para Él y ahí es donde nosotros estamos.

La Imposición de Manos

Y luego está el otro paso. Cuando esa posición ha sido aceptada en la muerte, está la resurrección, pero la resurrección en Cristo, como he dicho. Desde la perspectiva de Dios, no sólo es la resurrección en Cristo, sino bajo el señorío de Cristo. En otras palabras, bajo la autoridad plena y final de Dios investida en Cristo, para que Cristo sea nuestra mente, nuestro gobierno. ¡Su señorío! Cuando los creyentes en los tiempos del Nuevo Testamento dieron el primer paso en el bautismo declarando su muerte en Cristo, y salieron de las aguas como miembros representativos del Cuerpo, los apóstoles no siempre pusieron sus manos sobre sus cabezas y oraron por ellos, ni el Espíritu Santo dio a entender que estaban en la casa. La unción que estaba sobre Cristo como Cabeza vino sobre ellos en Cristo. No como una unción separada, sino ungidos en Cristo.

¿Qué es la unción? ¿Qué era la unción en el caso de Cristo, cuando aceptó una vida representativa, y por el momento se negó a vivir y a actuar sobre la base de la

Deidad y de la Trinidad, con el fin de obrar la redención del hombre como Hombre? ¿Qué significa la unción? Bueno, en el caso de Cristo es muy claro. La unción significaba que estaba bajo el gobierno directo de Dios en todo y que tenía que rehusar remitirse, o aplazar sus propios juicios y sentimientos acerca de cualquier cosa. El Padre lo dirigía en todo mediante la unción, y aparte de esto, Él estaba completamente a un lado.

Cuando dijo: "Si alguno quiere venir en pos de mí, niéguese a sí mismo, tome su cruz cada día y sígame." O, "todo aquel que no cargue su cruz y venga tras de mí, no puede ser mi discípulo," lo que estaba diciendo en otras palabras era: "Usted no puede aprenderme a Mí, a menos que la cruz esté operando continuamente para sacarlo a usted y abrirme camino a Mí, y para que pueda aceptar Mi mente. La cruz significa que usted tiene que ser crucificado a su propia opinión acerca de las cosas. Su mente tiene que estar bajo la cruz. Su voluntad tiene que estar bajo la cruz. Sus sentimientos y sus caminos tienen que estar bajo la cruz diariamente. Esta es la forma de aprenderme a Mí. Mi mente, Mi gobierno, Mi juicio, Mi todo. Esta es la escuela del discipulado, la escuela de Cristo."

Decía que del lado de la resurrección, el señorío de Cristo bajo la unción se convierte, o debería convertirse, en el factor dominante en la vida del creyente. Entonces, la imposición de manos sobre la cabeza es otra vez, una simple declaración de que este creyente está bajo el señorío, de que esta cabeza está bajo otra Cabeza, de que está sujeta a una Cabeza superior. Hasta ahora, esta cabeza ha gobernado su propia vida, pero ya no lo hará más, tiene que estar sujeta a otro Señorío. En la unción el creyente es llevado bajo Cristo como Cabeza. El Espíritu lo atestiguó en los primeros días cuando descendió sobre los creyentes. Declara que el creyente está en la Casa donde está la unción y que está bajo el gobierno de la Cabeza de la Casa.

La esencia de todo esto se expresa en esta frase en la Epístola a los Hebreos: "Pero Cristo como hijo, sobre la casa de Dios; la cual casa somos nosotros." Creo que no es necesario decir algo más, solo continuamos por el camino de la revelación divina de Cristo. En el bautismo tomamos la posición de aceptar la posición de Dios en lo que respecta a nosotros, a saber, ¡que este es el final de nosotros! Si en el futuro lo que somos en nosotros mismos pretende imponerse, debemos volver a esto y decir: "¡Ya dijimos, de una vez por todas, que era el fin de nosotros!" ¡Mantenga su actitud hacia la posición de Dios!

Luego, después de la reunión y de la imposición de las manos de los miembros representativos del Cuerpo, hay un testimonio del hecho de que en Cristo los que llevan el testimonio están en la Casa de Dios, que están bajo el gobierno de Cristo a través de la unción y que Su señorío nos constituye uno en Él.

Quiera el Señor hacer real todo esto en el caso de nosotros, que sea una realidad viva, para que realmente hayamos llegado a Betel y podamos decir en nuestro regocijo en Cristo: "¡Ciertamente el Señor está en este lugar!" Es grandioso cuando llegamos a la comprensión espiritual donde podemos decir: "¡El Señor está en este lugar! ¡Estoy donde el Señor está! ¡Ésta es la Casa de Dios!" Esto simplemente habla de un conocimiento vivo de lo que significa estar en Cristo bajo Su señorío y unción.

Capítulo V
La Luz de la Vida

Empecemos leyendo los siguientes pasajes:

Ezequiel 43:2, 4-5, *"Y he aquí, la gloria del Dios de Israel venía del camino del oriente, y su voz era como el sonido de muchas aguas, y la tierra brilló con su gloria...Y la gloria de Jehová entró en el templo, por la puerta del este. Y el Espíritu me levantó y me llevó al patio interior, y he aquí, la gloria de Jehová llenó la casa."*

Ezequiel 44:4, *"Luego me llevó por el camino de la puerta del norte frente al templo, y miré y he aquí que la gloria de Jehová llenó la casa de Jehová; y caí hasta tocar el suelo con mi frente."*

Ezequiel 47:1, *"Y él me llevó de vuelta a la puerta de la casa, y he aquí que por debajo del umbral de la casa salía agua, hacia el este; (pues el frente de la casa estaba hacia el este); y las aguas corrían por debajo, desde el lado derecho de la casa, hacia el sur del altar."*

Juan 1:4, *"En él estaba la vida, y la vida era la luz de los hombres."*

Juan 8:12, *"Otra vez Jesús les habló, diciendo: Yo soy la luz del mundo: el que me sigue no andará en tinieblas, sino que tendrá la luz de la vida."*

Juan 3:3, *"Respondió Jesús y le dijo: De cierto, de cierto te digo, quien no naciere de nuevo, no puede ver el reino de Dios."*

Juan 9:5, *"Cuando estoy en el mundo, soy luz del mundo."*

Juan 12:20-24, *"Había ciertos griegos entre los que habían subido a adorar en la fiesta. Estos, pues, se acercaron a Felipe, que era de Betsaida de Galilea, y le rogaron, diciendo: Señor, quisiéramos ver a Jesús. Felipe fue y se lo dijo a Andrés; entonces Andrés y Felipe se lo dijeron a Jesús. Jesús les respondió diciendo: Ha llegado la hora para que el Hijo del Hombre sea glorificado. De cierto, de cierto os digo, que si el grano de trigo no cae en la tierra y muere, queda solo; pero si muere, lleva mucho fruto."*

Juan 12:46, *"Yo, la luz, he venido al mundo, para que todo aquel que cree en mí no permanezca en tinieblas."*

2 Corintios 4:4, *"En los cuales el dios de este siglo cegó el entendimiento de los incrédulos, para que no les resplandezca la luz del evangelio de la gloria de Cristo, el cual es la imagen de Dios."*

Efesios 1:17-19, *"Para que el Dios de nuestro Señor Jesucristo, el Padre de gloria, os dé espíritu de sabiduría y de revelación en el conocimiento de él, alumbrando los ojos de vuestro entendimiento, para que sepáis cuál es la esperanza a que él os ha llamado, y cuáles las riquezas de la gloria de su herencia en los santos, y cuál la supereminente grandeza de su poder para con nosotros los que creemos, según la operación del poder de su fuerza."*

¡La luz de la vida! Antes de comenzar con una consideración más detallada acerca de este asunto de la luz de la vida, permítame hacer una pregunta simple pero muy directa. ¿Podemos decir con corazón verdadero que estamos realmente interesados por estar en el propósito de Dios, saber cuál es ese propósito y ser hallados en él? Todo depende si tenemos tal interés. Es una cuestión práctica. Sólo estar interesados en la verdad y en el incremento de nuestro conocimiento o información de las cosas espirituales, debería tornarse inmediatamente claro para nosotros. Conforme miramos en nuestros corazones en este momento (y debemos hacerlo), ¿podemos decir realmente que existe un genuino y fuerte deseo de estar en el gran propósito eterno de Dios? ¿Estamos preparados para comprometernos con el Señor en relación a esto, en un total acuerdo, mediante el cual entendemos con Él, que en la medida que estemos interesados no se detendrá ante nada para asegurarnos en Su propósito eterno, cualquiera que sea el costo?

Como pueblo del Señor, ¿estamos preparados para hacer una pausa, encarar esto y alinearnos con el fin de Dios? Sé que algunos ya están ahí y que no tienen mucha necesidad de ejercitarse al respecto, pero es muy probable que algunos hayan tomado las cosas más o menos por sentadas. Es decir, son cristianos, son creyentes, pertenecen al Señor, son salvos, ponen su fe en Cristo, han estado asociados con instituciones y asuntos cristianos durante mucho tiempo, tal vez incluso desde la infancia, y es a ellos a quienes hago este llamado en principio.

En la Palabra de Dios se utiliza en repetidas ocasiones la frase: "Conforme al propósito eterno, que hizo en Cristo Jesús antes de que el mundo fuera." ¿Es esto lo que se encuentra principalmente en nuestro horizonte o es algo remoto, oscuro y en el fondo? Hago énfasis en esto, porque tenemos que tener algo sobre lo cual trabajar. Dios debe tener algo sobre lo cual trabajar, y si esa es la disposición, entonces podemos seguir adelante y habrá una entrega de revelación en cuanto al propósito y la forma de este. Pero a menos que tengamos una disposición y una actitud muy positivas al respecto, oiremos un montón de cosas que se han dicho, y solo serán cosas dichas, más o menos de importancia para usted.

El Propósito de Dios

Ahora bien, dado que existe ese interés, al menos en alguna medida y que justifica que continuemos, nos preguntamos: ¿Cuál es el propósito de Dios? ¿Cuál es la finalidad de Dios? De cierta forma podemos decir, que el propósito de Dios es tener un recipiente, en el cual y a través del cual, resplandezca Su gloria sobre este universo. Vemos que esto se dio a entender en el caso de la nueva Jerusalén que descendía del cielo de Dios con la gloria de Dios, con su luz semejante a una piedra preciosísima, como si fuera una piedra de jaspe, diáfana como el cristal.

"¡Con la gloria de Dios!" Este es el fin que tiene Dios en perspectiva para el pueblo, que sea para Su universo de inteligencia espiritual, y en un sentido espiritual, lo que el sol es para este universo. Que las naciones anden en la luz del mismo, sin necesidad del sol, sin necesidad de la luna, porque no hay noche. Esto es simplemente decir, que Dios quiere tener un pueblo lleno de luz, de "la luz del conocimiento de la gloria de Dios." Ese es el fin, y Dios empieza a moverse hacia ese fin, inmediatamente después que un hijo Suyo nace de arriba. Dicho nacimiento, nuevo nacimiento de lo alto, es la dispersión de la oscuridad y la irrupción en la luz.

A lo largo de nuestro camino en la escuela de Cristo, el Espíritu Santo se dedica a llevarnos cada vez más a la luz "del conocimiento de la gloria de Dios en la faz de Jesucristo," para que en nuestro caso sea cierto, que "la senda de los justos es como la luz de la aurora que va en aumento hasta que el día es perfecto." Muchas personas han pensado, y pensando así se han sentido decepcionadas, que esto significa que todo va a ser más y más fácil, más y más brillante, que a medida que avancemos va a ser más alegre. ¡Pero no funciona de esa manera!

No veo que sea cierto en las circunstancias ni en la condición externa de los santos, en ningún lugar ni en ningún momento. Para ellos el camino no se hace exteriormente más y más brillante. Pero si nosotros realmente nos estamos moviendo bajo el gobierno del Espíritu, podemos decir con la más poderosa afirmación, que de manera interna la luz es cada vez mayor. El camino crece más y más brillante, nosotros vemos y vemos y vemos...hasta que llega el momento en que no hay tiniebla alguna, ni ninguna sombra o bruma, sino que todo es luz, perfecta luz. ¡Este es el propósito de Dios! No vemos por un espejo oscuro, sino cara a cara, incluso, conoceremos como somos conocidos. Este es el propósito de Dios puesto de cierta manera. ¿Le interesa? Es una crisis y un proceso a la vez, con un clímax de glorioso éxtasis. Ahora estoy especialmente interesado en el proceso.

Leemos en Ezequiel acerca de la gloria del Señor que llega y llena toda la casa. Hemos visto en lecciones anteriores que el Señor Jesús es dicha casa. Él es el gran Betel de Dios en quien los ángeles suben y bajan, en quien Dios es hallado, en quien Dios habla (el lugar del oráculo), en quien está la autoridad divina, la última palabra. Él es la Casa y la gloria, y la luz de Dios están en Él.

El Lugar de la Gloria Shekinah

Mirando hacia atrás, hacia el tabernáculo o hacia el templo de la antigüedad donde se hallaba la gloria

Shekinah, notamos que esa luz, esa gloria que unía el cielo y la tierra como una escalera, tenía su expresión en el Lugar Santísimo. Usted sabe que en el Lugar Santísimo todo tenía cortinas a su alrededor y estaba completamente cubierto por encima para excluir cualquier poquito de luz natural, para que aparte de la Shekinah, todo dentro del lugar estuviera en total oscuridad, sin luz alguna. Sin embargo, cuando ingresaba la gloria y descansaba sobre el Lugar Santísimo, todo era luz divina, luz celestial, la luz de Dios. Este Lugar Santísimo muestra la vida interior del Señor Jesús, Su Espíritu, donde se halla Dios, la luz que procede del cielo, la luz de lo que es Dios en Él. Su Espíritu es el Lugar Santísimo en la santa Casa de Dios. En ese Lugar Santísimo es donde estaba la luz de la gloria, donde Dios dijo que hablaría con Su pueblo a través de su representante. "Y de allí me declararé a ti, y hablaré contigo de sobre el propiciatorio..."

"Y de allí me declararé, y hablaré contigo." ¡Qué hermosas palabras, "declararé... hablaré"! No hay nada difícil, nada terrible, nada que cause temor al respecto. "Y de allí me declararé, y hablaré contigo." Es el lugar donde Dios habla; en la comunión Dios habla y se da a conocer. Se llama el lugar del oráculo, el Propiciatorio, el "asiento de misericordia" y el Señor Jesús es todo esto. Se nos dice que Él ha sido puesto por Dios para ser el propiciatorio (Romanos 3:25) y para hablar con su pueblo en Él.

Sin embargo, el énfasis debe estar en las palabras "en Él," porque no hay comunión con Dios ni hay comunión de Dios, no hay conversación qué oír ni ninguna reunión, salvo en Cristo, de lo contrario, ese sería un lugar de muerte y destrucción para el hombre natural. De ahí las terribles advertencias dadas sobre entrar a ese lugar sin el equipo adecuado, el equipo simbólico con el cual se dice que el hombre natural está totalmente cubierto y que otro Hombre celestial lo envuelve con ropas celestiales, con mantos de justicia. Sólo así se atreve a entrar en este lugar "para que no muera."

Si usted desea saber cómo funciona esto exactamente, vaya al Nuevo Testamento y tome la historia del viaje de Saulo de Tarso a Damasco. Él dice: "Al mediodía, oh rey, vi en el camino una luz del cielo, por encima del brillo del sol... Y cuando caímos todos nosotros por tierra, oí una voz que me decía: Saulo, Saulo, ¿por qué me persigues?" Usted recordará la forma como lo recogieron y lo llevaron a la ciudad, porque se había quedado ciego. Por la misericordia de Dios estuvo sin vista sólo tres días y tres noches. Luego Dios comisionó a Ananías para que visitara a este hombre ciego, a quien le dijo: "Jesús, que se te apareció en el camino por donde venías, me ha enviado para que puedas recibir la vista." De otra manera, Saulo de Tarso habría sido un hombre ciego hasta el final de su vida. Ese es el efecto en un hombre natural que se encuentra con la gloria de Dios en la faz de Jesucristo. ¡Destrucción! En presencia de esa luz no hay lugar para el hombre natural, sería la muerte. Pero en Juan 8 tenemos las palabras "la luz de la vida," en contraste con la oscuridad de la muerte. En Jesucristo el hombre natural es considerado totalmente dejado de lado; no hay lugar para él allí.

No Hay Lugar Para el Hombre Natural

Esto significa que el hombre natural no puede entrar en la luz, no puede entrar en el gran propósito de Dios, ni ser hallado en esa Casa llena de Su gloria, ni ser la vasija a través de la cual Él va a manifestar esa gloria a Su universo. El hombre natural no puede entrar allí, y cuando hablamos del hombre natural, no nos referimos sólo al hombre no salvo, al que nunca ha llegado al Señor Jesús, hablamos también del hombre a quien Dios ha considerado completamente dejado de lado.

El apóstol Pablo tuvo que hablarles a los creyentes de Corinto al respecto. Ellos eran personas convertidas, personas salvas, pero estaban enamorados de la sabiduría y del poder de este mundo. Es decir, estaban enamorados de la sabiduría natural, del conocimiento y de la fuerza que viene de ello. De ahí, que su disposición o inclinación fuera tratar de apoderarse de las cosas divinas analizándolas, investigándolas y sondeándolas con base en la sabiduría y entendimiento natural, con base en la filosofía de este mundo. Estaban trayendo al hombre natural y relacionándolo con las cosas divinas, por eso el apóstol les escribió y en su propio lenguaje les dijo: "Pero el hombre natural (no el hombre no regenerado, no el hombre que nunca ha tenido una relación con el Señor Jesús sobre la base de su obra redentora de salvación; no, no este hombre) no percibe las cosas que son del Espíritu de Dios, porque para él son locura, y no las puede entender, porque se han de discernir espiritualmente."

El hombre de la "mente" es el hombre natural. La más nueva de nuestras ciencias es la psicología, la ciencia del alma. ¿Qué es la psicología? Tiene que ver con la mente del hombre, es la ciencia de la mente del hombre y a continuación la palabra (estoy parafraseándolo pero es exactamente lo que significa): "La ciencia de la mente no puede recibir las cosas del Espíritu de Dios, ni tampoco puede conocerlas." Este hombre es muy inteligente, muy intelectual, altamente capacitado, con todos sus sentidos naturales llevados a un estado elevado de desarrollo y agudeza, y sin embargo, queda fuera cuando trata de conocer las cosas de Dios. ¡No puede, queda fuera!

Para un primer destello del conocimiento de Dios tiene que producirse un milagro, mediante el cual los ciegos que nunca han visto reciban la vista y la luz entre en forma de un destello de revelación, de modo que se pueda decir: "Bienaventurado eres... porque no te lo reveló carne ni sangre, sino mi Padre que está en los cielos." ¡Esto declara un tremendo hecho! Cada poquito de luz verdadera que está en dirección de ese resplandor final, la revelación de la gloria de Dios en nosotros y a través de nosotros, es en Cristo Jesús. Sólo se puede tener en Él sobre la base de que el hombre natural ha sido completamente quitado, repudiado, y un nuevo hombre ha sido traído a la existencia con un nuevo conjunto de facultades espirituales. Como se le dijo a Nicodemo, el mejor producto de la escuela religiosa de su época y de su mundo: "Si no naces de nuevo (o de lo alto), no puedes ver..."

Bueno, todo se resuelve en esto, que incluso para conocer las primeras letras del alfabeto divino debemos estar en Cristo, y que cada poquito de luz que sigue es cuestión de aprender a Cristo, conociendo lo que significa estar en Cristo.

Cómo Conseguimos la Luz de la Vida

a) La Crisis

Eso nos lleva a la siguiente pregunta. ¿Cuál es el camino a Cristo o cómo se obtiene la luz de la vida? La respuesta es breve. Para tener la luz tenemos que tener la vida. Esta luz es la luz de la vida. Es el producto de la vida. Toda luz divina, luz verdadera de Dios, es luz viva. Nunca es luz teórica o mera luz doctrinal, es luz viva. Y ¿cómo se obtiene la luz de la vida?

Tenemos estas dos cosas en el Evangelio de Juan, a saber, Cristo en nosotros y nosotros en Cristo. ¿Qué es estar en Cristo? ¿Qué es tener a Cristo en nosotros? ¿Qué es estar en la vida y en la luz? ¿Qué es tener la vida y la luz en nosotros? El Señor nos ha dado una hermosa ilustración de lo que significa eso y la leemos en el capítulo 12. Hay vida en el grano de trigo, pero es un solo grano, y quiero meter esa vida que está en ese único grano en un montón de granos, suficientes granos para cubrir la tierra. ¿Cómo lo haré?

Bueno, el Señor dice que lo ponga en la tierra: "Déjalo caer en la tierra y que muera. Déjalo caer en la tierra oscura y deja que la tierra lo cubra." Y luego ¿qué sucede? Inmediatamente comienza a desintegrarse, a deshacerse, a ceder en cuanto a su propia vida individual y personal. Pronto un brote comienza a abrirse paso en la tierra y surge un tallo, y finalmente hay una espiga, una pesada espiga de granos de trigo. Si yo pudiera ver la vida y mirar dentro de esos granos de trigo, vería que la vida que estaba en aquel único grano ahora está en cada uno de ellos. Luego, siembro ese puñado de granos de la espiga, cien granos, por ejemplo, y obtengo diez mil. Los siembro de nuevo, se multiplican por cien...y así sucesivamente hasta que la tierra se llena. Si pudiera mirar con una lupa dentro de cada uno de esos millones y millones de granos, y la vida fuera visible al ojo, vería que la vida original es la misma vida que está en cada uno de ellos. ¡Esta es la respuesta!

¿Cómo entra esta vida en nosotros, cómo entra la luz de la vida? El Señor Jesús dice que debe ocurrir una muerte, la muerte a lo que somos en nosotros mismos, la muerte a nuestra propia vida, la muerte a una vida separada de Él. Nosotros tenemos que bajar con Él a la muerte, y allí bajo la acción del Espíritu de Dios en unión con Cristo sepultado, se produce la transmisión de Su vida a nosotros. Luego Él, ya no como un único grano de trigo, se levanta multiplicado en cada uno de nosotros. Este es el milagro que ocurre cada año en el ámbito natural, y es exactamente el mismo principio mediante el cual el Señor entra en nosotros. Usted ve la necesidad de que dejemos de tener una vida aparte del Señor, la necesidad de dejar ir totalmente esta vida nuestra. En un principio esto es una crisis, una verdadera crisis. ¡Tarde o temprano tiene que haber una crisis!

Algunos podrían decir: "Yo no he tenido esa crisis, hacerme cristiano fue algo muy, muy simple para mí. En un momento dado sólo expresé mi fe personal en el Señor Jesús y desde ese momento le pertenezco a Él. ¡Yo soy cristiano!" ¿Continua usted en la creciente plenitud de la revelación del Señor Jesús? ¿Lo está? ¿Tiene usted un cielo abierto? ¿Está revelándosele Dios a usted en Cristo con mayor asombro y plenitud cada vez? ¿Está Él haciéndolo?

No estoy diciendo que usted no le pertenezca al Señor Jesús, le estoy diciendo que la base inalterable de un cielo abierto es una tumba y una crisis en la cual usted llega al final de su propia vida. La crisis que se produce al experimentar la verdadera identificación con Cristo en Su muerte, no por sus pecados, sino como usted. Su cielo abierto depende de esto. Es una crisis y ha sido el camino, no de uno ni de dos, sino de muchos.

La verdad es esta, ellos son hijos del Señor, conocen a Cristo, son salvos y no tienen ninguna duda al respecto, pero llega el momento en el que el Señor, la Luz de la Vida, les muestra que Él no sólo ha muerto para llevar sus pecados en Su cuerpo sobre el madero, sino que también los ha representado en la totalidad de su vida natural a fin de dejarla de lado. Fue el hombre y no sólo sus pecados el que fue a la cruz; ese hombre es usted, ese hombre soy yo. Después de años de ser cristianos muchos han llegado a esta tremenda crisis de identificación con Cristo; hombres, mujeres, miembros de la raza humana, no sólo como pecadores, sino como parte de la raza. Hombres naturales, no los no regenerados, sino los hombres naturales, todo lo que somos en nuestra vida natural. Muchos han llegado a esta crisis y desde ese momento todo ha sido, en una más amplia escala, como nunca antes en la vida cristiana. Ha sido el cielo abierto, la visión ampliada, la luz de la vida de manera mucho mayor.

¿Cómo se produce? Así de sencillo y esta crisis es una crisis para todos nosotros. Si usted no ha tenido esta crisis pídale al Señor al respecto. Le hago notar que si usted va a tener ese trato con el Señor, usted está pidiendo algo serio, está buscando problemas, porque como lo dije antes, este hombre natural es duro de matar, se aferra con tenacidad, no le gusta hacerse a un lado. Mire el grano de trigo cuando cae en la tierra, vea lo que le sucede. ¿Cree que es agradable? ¿Qué está sucediendo? Está perdiendo su propia identidad, no se puede reconocer. Sáquelo y mírelo. ¿Es esto aquel pequeño y encantador grano de trigo que se puso en la tierra? ¡Qué cosa más fea en la que se ha convertido! Ha perdido su propia identidad, su propia cohesión, esta cayéndose a pedazos. ¡Qué feo!

Sí, eso es lo que hace la muerte. Esta muerte de Cristo, según se forma en nosotros, rompe nuestra propia vida natural, la esparce, tira de ella en pedazos, destruye toda su belleza. Empezamos a descubrir, que después de todo, no hay nada en nosotros sino corrupción. ¡Es la verdad! Al desmoronarnos perdemos toda la belleza que estaba allí, por lo menos, desde la perspectiva natural o como los hombres la veían. No es agradable caer en tierra y morir. "Pero si muere..." ("Si morimos con Cristo, creemos que también viviremos con él"), compartiremos Su vida, tomaremos otra vida. Luego, una nueva forma es dada, una nueva vida, no la nuestra, sino la de Él. ¡Es una crisis!

Yo le insto a tratar verdaderamente con el Señor sobre este asunto. Si lo hace, espere lo que le he dicho. Espere caer a pedazos, espere que la belleza que creía tener será por completo estropeada, espere descubrir que es mucho más corrupto de lo que pensaba que era, espere que el Señor le llevará a un lugar donde clamará: "¡¡Ay de mí que soy muerto!!" Pero luego, vendrá la bendición, la bendición que dice: "¡Oh Señor, lo mejor que me puede suceder es morir!" Y el Señor dirá: "Eso es exactamente en lo que he estado trabajando, yo no podía glorificar esa corrupción."

"Es necesario que esto corruptible se vista de incorrupción." Dicha incorrupción es el germen de la vida divina en la Semilla que da Su propia vida y que es transmitido desde Él. Dios no va a glorificar esta humanidad, nos va a hacer como el cuerpo glorioso de Cristo. Esto es demasiado profundo y demasiado avanzado, pero el punto es, que tiene que ocurrir esta crisis si estamos llegando a la gloria, al objetivo final de Dios.

b) El Proceso

Luego va a haber un proceso. El Señor Jesús dijo: "Si alguno quiere venir en pos de mí, niéguese a sí mismo, tome su cruz de cada día y sígame." Al decir esto no estaba equivocado en principio. Es cierto que cuando decimos: "¡Señor yo acepto de una vez por todas lo que significa la Cruz!," la cruz es algo celebrado de una vez por todas. Pero después de la crisis, la crisis que lo incluye todo, vamos a ver que tenemos que seguir la cruz día tras día y que la cruz obra en las aflicciones y sufrimientos que el Señor permite que vengan sobre Su pueblo. En Su soberanía Él lo ha puesto a usted en una situación difícil, problemas del hogar, problemas de negocios, estado físico, una situación difícil con alguna relación...Amado, ésa es la manifestación externa de la cruz en su experiencia, que tiene la intención de abrirle camino al Señor Jesús para que tenga un lugar más grande. Va a abrirle camino a Su paciencia, a la entereza de Cristo, al amor de Cristo. Va a abrirle un camino a Él. Por su parte, usted no tendrá que ir de rodillas todas las mañanas y decirle: "¡Señor, sácame de esta casa, sácame de este negocio, sácame de esta dificultad!" Va a decirle:

"Señor, si esta es la expresión de la cruz para mí hoy, la tomo."

Al enfrentar una situación así, usted encontrará que hay fuerza, victoria, cooperación del Señor, que hay fruto en lugar de esterilidad. Es en este sentido que el Señor estaba en lo cierto, en principio, al hacer de la cruz una experiencia cotidiana. "Todo aquel que no carga con su cruz y viene en pos de mí, no puede ser mi discípulo" (uno de mis aprendices, alguien que me aprende a mí). De modo que, aceptar esa dificultad, cualquiera que sea, día tras día, es la manera en que aprendemos a Cristo. También es el proceso de la luz, de la luz de la vida, de llegar a conocer, de llegar a ver, de llegar a la plenitud. Usted y yo nunca podremos ver ni conocer separados de la cruz. La cruz tiene que limpiar el terreno de esta vida natural. El Señor sabe lo que haríamos si Él alejara de nosotros la cruz cada día. ¡Me pregunto qué haríamos!

Hablar de nuestra cruz diaria, de llevar mi cruz de cada día, no puede ser sólo fraseología del Nuevo Testamento o sólo una manera de decirlo, el principio debe ser más real, es la cruz que se le da a Él y que se convierte en la mía a diario. Esto debe ser real, solamente funciona de esa manera. Si el Señor levantara y quitara de nuestros hombros lo que es la expresión de la cruz para nosotros día a día, no sería para nuestro bien, sería inmediatamente despejar el camino para el levantamiento de la vida natural. Usted puede verlo cuando la gente empieza a tener un poco de alivio de sus pruebas. Cómo "se dan aires." Se ponen sobre pedestales y miran con desprecio. Usted está equivocado, ellos en lo correcto. El orgullo, la autosuficiencia, ¡todo aumenta!

Entonces, ¿qué de Pablo? Admiro a Pablo como un gigante, espiritualmente hablando. Al lado de ese hombre somos espiritualmente marionetas, y sin embargo, Pablo, que era un gigante espiritual, confesó con humildad que el Señor le había enviado un mensajero de Satanás para abofetearlo, un aguijón en su carne para que no se enalteciera sobremanera. Sí, los gigantes espirituales pueden exaltarse a sí mismos si el Señor no lo ve y toma precauciones. Entonces, a fin de conservar el camino de esa gran revelación abierto, despejado y en continuo crecimiento, el Señor le dijo: "Pablo, tengo que mantenerte muy abajo, tengo que mantenerte bajo muchas limitaciones, es el único camino, porque en el momento en que empieces a elevarte, vas a limitar la luz, vas a echar a perder la revelación."

Bueno, está el principio. La luz de la vida. Es Su vida. El apóstol dice: "Siempre llevamos en el cuerpo la muerte de Jesús, para que así también la vida de Jesús se manifieste en nuestro cuerpo." Su vida es lo que necesitamos y con la vida viene la luz. Es luz por medio de vida. No hay otra luz real, sólo lo que sale de Él dentro de nosotros, y Su muerte forjada en nosotros es la que despeja el camino para su Vida.

Debo ir concluyendo aquí. De nuevo, el fin de Dios, la luz, la gloria, la plenitud es en Cristo. La medida de luz, la medida de gloria será la medida de Cristo, y la medida de Cristo dependerá por completo del espacio que encuentre para Él en nosotros. Para abrirle espacio a Él, debemos llegar al lugar donde ha sido lograda la anulación total de la vida del yo, y eso toma toda una vida.

¡Bendito sea Dios! Hay un clímax glorioso cuando Él viene para ser glorificado en sus santos y ser admirado en todos los que creen. ¡Admirado! ¡Glorificado! ¡Ojalá que algo de la luz de la gloria caiga sobre nuestros corazones, nos aliente, nos consuele en el camino y fortalezca nuestros corazones para seguir en el conocimiento de Su Hijo por amor de Su Nombre!

Capítulo VI

Un Cielo Abierto

Hemos estado diciendo en estas lecciones sobre la escuela de Cristo, que todo el aprendizaje, toda la instrucción, toda la disciplina en ella está dirigida a conocer a Cristo, aprender a Cristo; no aprender sobre Cristo, sino aprender a Cristo. Este es el punto de mayor dificultad al tratar de hacer las cosas sencillas y claras. Nosotros podríamos ocuparnos con todo lo que hay acerca de Cristo como doctrina, como enseñanza, pero no es eso lo que buscamos, ni lo que busca el Señor, buscamos a Cristo. Él es la encarnación viva, la personificación de toda la verdad, de toda la vida, y el propósito y la voluntad del Señor para nosotros no es que lleguemos a conocer la verdad en todas sus múltiples facetas, sino que conozcamos a la Persona. Que conozcamos a la Persona viva y en una forma viva. Que conozcamos que la Persona al ser impartida a nosotros y nosotros ser incorporados en Ella, toda la verdad se vuelve verdad viva en lugar de verdad meramente teórica o técnica.

Sólo voy a repetir algo aquí. ¡No puedo decirle con qué fuerza ha llegado esto a mi propio corazón y cuán pesadamente descansa sobre mí con su significado! Cuando las cosas están en peligro de apartarse del pleno pensamiento de Dios, Él busca traer una nueva revelación de Su Hijo. No se dirigirá a la reconquista de verdades como tales, traerá de vuelta todo lo necesario mediante una nueva revelación de su Hijo, mediante una develación o presentación de su Hijo en plenitud. A este respecto hemos dicho más de una vez en estas lecciones, que lo escrito por Juan, su evangelio, sus cartas y el Apocalipsis son los escritos finales de la administración del Nuevo Testamento. Fueron escritos y dados cuando la iglesia del Nuevo Testamento se estaba apartando de su original y prístina gloria, pureza, verdad, santidad y espiritualidad y convirtiéndose en un sistema cristiano terrenal.

Fue a través de estos escritos, que son una nueva presentación del Hijo en plenitud espiritual, divina y celestial, como Dios encaró tal situación. Es un regreso a Cristo y el Espíritu Santo lo hará todo el tiempo. Él nos lleva de nuevo a la Persona para mostrarnos en una forma espiritual y celestial lo que Ella representa. Cuando pasamos de los evangelios a las epístolas debemos tener sumo cuidado, de no caer, ni siquiera inconscientemente, en el entendido de que hemos dejado cosas elementales para avanzar a algo que no es tan elemental. Es decir, creer que las epístolas son algo mucho más avanzado que los evangelios. ¡Decididamente no lo son! Ellas sólo son la extensión de los evangelios. Todo lo que está en las epístolas está en los evangelios, pero las epístolas son la interpretación de Cristo. ¡El Señor nunca nos tendría ocupados con la interpretación a expensas de la Persona!

Todas las Cosas En Cristo

Si yo estuviera dirigiéndome a personas que son responsables en materia de edificación de la iglesia, sería un asunto muy provechoso en el cual permanecer un rato. En fin, nosotros tomamos el libro de los Hechos y las epístolas como una exposición de la técnica de la Iglesia, y la adoptamos como un sistema cristalizado de práctica, orden, forma y docencia. La debilidad de esta posición es la siguiente: Se ha vuelto algo en sí mismo y el Señor Jesús ha sido pasado por alto, se ha perdido.

¡Me pregunto si capta lo que quiero decir con esto! Verá, el Espíritu Santo toma a Cristo, lo exhibe al corazón y demuestra que Él es el orden celestial. Las epístolas no son un manual de orden celestial, Cristo es dicho orden, así que, todo en materia de orden debe mantenerse en relación con la Persona viva. Si el orden se convierte en una cosa, entonces se convierte en un sistema terrenal, y si es un sistema terrenal, se pueden sacar centenares de las epístolas, todos diferentes, todos terrenales y todos edificados sobre ellas. Se usan las epístolas para soportar cualquier número de sistemas diferentes, de interpretaciones diferentes, y la razón es, que han sido divorciadas de la Persona.

Hay muchas cosas, numerosas materias, temas, enseñanzas: "El reino de Dios," "la santificación," "la vida eterna," "la vida victoriosa," "el vencedor," "la vida vencedora," "la segunda venida de Cristo..". Estos son sólo algunos temas, argumentos, verdades, como se les suele llamar, que se han cogido y desarrollado a partir de las Escrituras y que se han convertido en cosas, con las cuales las personas han estado muy ocupadas y en las que están muy interesadas. Así, algunas personas cortan alrededor de la enseñanza de la santificación, se vuelven "santificacionistas" y se desarrolla un "ista." Otros cortan y se limitan a cubrir la segunda venida, la venida del Señor, las profecías y todo eso. ¡Así se obtienen grupos por el estilo! ¡¡Esto sería totalmente imposible si la persona del Señor Jesús fuera dominante!!

¿Qué es el reino de Dios? Cristo. Si usted se mete en los evangelios encontrará que el reino de Dios es Jesucristo. Si usted vive en Cristo está en el reino y conforme el Espíritu Santo le enseña a Cristo, conoce qué es el reino en cada detalle. El reino no es una cosa, cuando el reino se convierta en algo universal, sólo será la expresión y manifestación de Cristo. ¡Eso es todo! Usted llega al reino en y a través de Cristo. Lo mismo es cierto de todo lo demás.

¿Qué es la santificación? No es una doctrina, no es un "algo"; es Cristo. Él nos ha sido hecho santificación. Si usted está en Cristo, si el Espíritu Santo le está enseñando a Cristo, entonces usted está conociendo todo acerca de la santificación. Si no es así, puede que tenga una teoría y una doctrina de la santificación, pero éstas sólo lo separarán de los demás cristianos y meterán a cualquier número de cristianos en dificultades. Probablemente, la enseñanza de la santificación como una "cosa" ha causado más dificultades entre los cristianos que cualquier otra doctrina en particular, en lugar de mantener a Cristo como nuestra santificación.

Estoy diciendo esto sólo para tratar de explicar lo que quiero decir, que tenemos que estar en la escuela de Cristo, donde el Espíritu Santo no enseña cosas. No enseña doctrina de la iglesia, santificación o la segunda venida, no enseña cosas, sino a Cristo. ¿Qué es la segunda venida? ¿Qué es la venida del Señor? Bueno, es la venida del Señor. ¿Y qué es la venida del Señor? Un versículo como el siguiente nos dará la clave: "...cuando venga para ser glorificado en sus santos y ser admirado en todos los que creyeron..." (2 Tesalonicenses 1:10). ¡Cómo ve, es la consumación de algo que ha estado sucediendo de modo interno! Entonces, ¿cómo voy a saber que la venida del Señor se aproxima? No tanto por las señales proféticas, sino por lo que está pasando dentro de los corazones del pueblo del Señor. Esa es la mejor señal de los tiempos, a saber, lo que el Espíritu de Dios hace en el pueblo de Dios. ¡Aunque tal vez esa no sea la señal en la que usted está interesado, sino en qué va a pasar entre Alemania y Rusia, y si finalmente se van a convertir en una gran confederación! ¿Hasta dónde nos lleva esto? ¿Adónde nos ha llevado toda la conversación acerca del revivido Imperio Romano? Eso es considerar la segunda venida como una cosa.

Sólo si nos mantenemos cerca del que es la suma de toda la verdad, nos movemos con Él y lo aprendemos a Él, conoceremos el curso de las cosas. Sabremos qué es inminente, tendremos en nuestros corazones susurros de preparación. ¡La mejor preparación para la segunda venida es conocer al Señor! No estoy diciendo que no haya nada en las profecías, no me malinterprete, pero sé que hay multitudes de personas que están absortas en la profecía como una cosa, para quienes la vida espiritual no cuenta nada, ni tienen un caminar profundo con el Señor. ¡Lo hemos visto muchas veces!

Nunca olvidaré mi visita a una de las grandes ciudades

de cierto país, en la que yo iba a hablar durante una semana. Todo estaba dispuesto para que mi primer mensaje estuviera de seguido, al último mensaje de un hombre que se había presentado la semana antes que yo, y que había hablado de profecía toda la semana. Yo estuve en la última reunión en la que él predicó sobre las señales de los tiempos. La gente había sacado sus cuadernos y fascinada lo anotaba todo. ¡Todo era externo, todo era objetivo, cosas como el renacimiento del Imperio Romano y la recuperación de Palestina! Usted sabe, ese tipo de cosas.

Entonces, el hombre terminó y la gente se quedó esperando algo más con los cuadernos listos. En ese momento el Señor puso justo en mi corazón que lo primero que yo tenía que decir era: "Y todo aquel que tiene esta esperanza puesta en Él, se purifica así mismo, así como Él es puro" (1 Juan 3:3). Tenía que comenzar hablando sobre el efecto espiritual de dicha esperanza espiritual, pero ellos no se interesaron en esto. Cerraron los cuadernos y guardaron los lápices. Mientras yo buscaba en el Señor ser muy fiel con respecto a lo que todo esto debería significar de manera interna, acorde con el Señor y así sucesivamente, no mostraron ningún interés. Únicamente querían que la reunión concluyera, y apenas terminé se levantaron y se fueron.

El Señor y el Espíritu Santo tienen que traernos de regreso a Él. Volver a Cristo no es regresar a lo esencial o a las cosas elementales, es volver a la única base sobre la cual el Espíritu Santo puede realmente cumplir toda la voluntad y el propósito de Dios. Es estar en la escuela de Cristo, donde el Espíritu Santo nos enseña a Cristo y Su manera de hacerlo es mediante la experiencia.

La Necesidad de un Nuevo Conjunto de Facultades

Bien, aquí es donde nos volvemos tan aparentemente elementales. Verá, la naturaleza misma de esta escuela requiere un cambio muy drástico en nosotros. Es imposible entrar en la escuela de Cristo, donde el Espíritu Santo es el gran tutor, antes de que el gran cambio se haya producido en nosotros. Tenemos que ser hechos totalmente de nuevo o la escuela no tendrá ningún significado. No podemos entrar en ella con la esperanza de aprender a Cristo aunque sea de la forma más pequeña, antes de que un nuevo conjunto de facultades nos hayan sido dadas. Se nos tienen que dar esas facultades porque no las poseemos naturalmente. "...el que no nace de nuevo no puede ver el reino de Dios." Esta es la manera del Señor de afirmar un hecho tremendo.

En dicho reino se obtienen ciertas cosas con las que yo no tengo relación alguna, con las que naturalmente no tengo poder de comunicación. Dé un paseo por el jardín, camine por entre las papas y las verduras y hable de lo que quiera. ¿Qué pensarían las papas de usted? ¿Qué dirían las coles? Ellas no oyen ni entienden lo que usted está diciendo, sea lo que sea. El tipo de vida de ellas no es el tipo de vida suyo. Ellas no son parte de su reino. No hay ninguna relación entre ellas y usted. Ellas no tienen la capacidad, el don o la calificación para captar las cosas más elementales que usted pueda decirles. Usted puede hablarles de cosas tan superficiales como ropa, cosas cotidianas y ordinarias y ellas no lo saben.

Hay una gran brecha entre nosotros y el reino de Dios. "Pero el hombre natural no percibe las cosas del Espíritu de

Dios, porque le parecen locura, y no las puede entender..."
La brecha es tan absoluta que si usted y yo fuéramos
llevados en nuestro estado natural al lugar en donde el
Espíritu de Dios habla y el Espíritu no realiza un milagro en
nosotros, todo nos parecería de otro mundo. ¿Y no es así?
Los creyentes salen a este mundo, hablan de las cosas del
Señor y ven que los hombres los miran boquiabiertos.
¡Todo es extraño para ellos! Así es. "...el que no nace de
nuevo no puede ver el reino de Dios." Para entrar en esta
escuela algo tiene que sucedernos, eso significa que
tenemos que ser constituidos de nuevo, con cualidades y
habilidades completamente diferentes para las cosas de
Dios. Esa es la naturaleza de esta escuela, es la escuela del
Espíritu de Dios.

Sé que es muy elemental, pero ¿no es esto lo que está
siendo presionado sobre nosotros todo el tiempo? Está
perfectamente claro que podemos escuchar palabras, y que
sin embargo, ellas no signifiquen nada para nosotros.
Necesitamos que nuestra capacidad de comprensión espiritual sea cada vez más amplia. ¡En términos naturales,
estamos en desventaja en todo este asunto!

La Destrucción del Yo

Hay un pasaje que no puedo dejar de mencionar. Ha
estado conmigo por mucho tiempo. Ha estado aquí como la
base de nuestra lección. Hablo de Juan 1:51. A mi parecer
las palabras del Señor Jesús a Natanael nos introducen en
la escuela de Cristo. Creo que sería útil leer la sección desde
el versículo 47: "Jesús vio que Natanael venía hacia él y dijo

de él: ¡He aquí un verdadero israelita, en quien no hay engaño! Natanael le dijo: ¿De dónde me conoces? Respondió Jesús y le dijo: Antes de que Felipe te llamara, cuando estabas debajo de la higuera, te vi. Natanael le respondió: Maestro, tú eres el Hijo de Dios, tú eres el Rey de Israel. Respondió Jesús y le dijo: Porque te dije, te vi debajo de la higuera, ¿crees? Cosas mayores que éstas verás. Y a él le dijo: De cierto, de cierto os digo, veréis el cielo abierto y a los ángeles de Dios que suben y descienden sobre el Hijo del hombre."

Aquí nos estamos acercando a la escuela de Cristo y antes de que siquiera podamos llegar al umbral de ella, hay algo que es esencial y que es subrayado por las palabras: "He aquí un verdadero israelita, en quien no hay engaño." Esto junto con las últimas palabras: "...los ángeles de Dios que suben y descienden sobre el Hijo del hombre," nos da un cuadro completo de lo que espiritualmente yace detrás.

Usted recuerda que Jacob después de robar la primogenitura mediante un engaño y escapar para salvar su vida, vio una gran verdad, y aunque era en tipo o figura, era una verdad en la que entonces no podía entrar. En aquel momento Jacob nunca habría podido entrar en el significado de lo que vio, a saber, la Casa de Dios, Betel. El lugar donde el cielo y la tierra se encuentran, donde Dios y el hombre se encuentran. El lugar donde la gloria, que une el cielo y la tierra, a Dios y al hombre, es el vínculo principal. El lugar donde Dios habla, se da a conocer y Sus propósitos son revelados.

¿Por qué sucedió así con Jacob? Porque él era engañador, dejémoslo ahí. Entonces, tal como debía pasar él siguió adelante, y por veinte años fue sometido a disciplina, al final de los cuales enfrentó el impacto de los cielos sobre su vida terrenal, sobre su naturaleza terrenal. En Jaboc experimentó el impacto del Espíritu sobre su carne, el impacto de Dios sobre él, y tuvo que dejar que esa vida carnal y natural fuera herida, rota y marchitada para llevar por el resto de sus días, la marca de que dicha vida había sido objeto de la prohibición de Dios. Luego, el Jacob juzgado, el Jacob herido, lastimado y marchito pudo volver atrás, derramar su libación en Betel y permanecer. El engaño había sido tratado. Él ya no era Jacob, sino Israel, aquel en quien en tipo y figura no había engaño. La obra no estaba terminada, pero una crisis había sido enfrentada.

Volvamos a lo que el Señor Jesús dice en Juan. Poniéndolo en una palabra dice: "Entrar en el lugar del cielo abierto, donde Dios se comunica, Su gloria permanece y usted disfruta lo que significa Betel, no es otra cosa más que entrar en Mí. Entrar en Mí y permanecer en Mí, Betel, la Casa de Dios, y tener la comunicación de todo el bien del cielo y de Dios, significa que usted ha llegado al lugar donde la vida natural ha sido abatida, rota y marchitada." Usted no puede entrar en Su escuela hasta que esto haya ocurrido, y a medida que nos acercamos al propio umbral de esa puerta, es necesario que el Señor nos diga en Cristo: "He aquí un verdadero israelita en quien no hay Jacob. ¡Usted verá el cielo abierto!"

Hablar de la vida de Jacob, es sólo otra manera de hablar del yo. El yo es la esencia misma de la vida natural, no sólo del yo en sus formas más perversas, sino en su totalidad. Jacob estaba en la línea escogida, tenía un conocimiento histórico de Dios, pero la transición de lo natural a lo espiritual se dio a través de la disciplina y la crisis.

Déjeme quedarme con esto. Aquí tenemos al Señor Jesús. Nadie se atrevería a decir que el yo en Cristo era como nuestro yo, contaminado, corrupto, pecaminoso. ¡Absolutamente no! Y sin embargo, Él tenía un yo, un yo sin pecado. Para Jesús el yo simplemente significaba que podía actuar, hablar, pensar, juzgar y moverse a partir de Sí Mismo. Eso es todo. No significaba actuar con mala intención, motivado o influenciado por algo pecaminoso o corrupto, sino simplemente de manera independiente. Él pudo haber hecho y dicho muchas cosas buenas independientemente, pero tomó la actitud y la posición, de que aunque no había pecado en Él, en ningún momento actuaría o hablaría separado de Su Padre. Eso sería independencia y sólo le daría al enemigo el espacio que estaba buscando.

Mi punto es este, usted y yo no debemos pensar del yo sólo como algo manifiestamente corrupto. Hay mucho que se hace para Dios con el más puro de los motivos y que se origina en nosotros. Hay muchos pensamientos, ideas y juicios sublimes y hermosos, pero son nuestros, y si conociéramos la verdad, entenderíamos que son completamente diferentes de los de Dios.

Así, justo en la misma puerta de Su escuela, el Señor pone algo absoluto: Jaboc. El arroyo de Jaboc era un afluente del Jordán, y las implicaciones del Jordán están ahí en el umbral mismo de la escuela de Cristo. Él aceptó el Jordán para entrar en la escuela del Espíritu por tres años y medio. Usted y yo no entraremos a la escuela de la unción de ninguna otra manera. Tiene que ser así. Si usted y yo vamos a aprender a Cristo, será posible sólo en la medida que la naturaleza de Jacob sea abatida. No estoy hablando con usted de mera doctrina y técnica. ¡Créame, sé exactamente de lo que estoy hablando!

Conozco esto como la más grande realidad de mi vida. Sé lo que es trabajar con todas mis fuerzas para Dios y predicar el evangelio por mí mismo durante años. ¡Sí que lo sé! Sé cuán duro es el trabajo con un domo sobre la cabeza. ¡Cuántas veces me paré en el púlpito y dije en mi corazón: "Ojalá se abriera una grieta en el domo sobre mi cabeza, y con el cielo abierto pudiera hablar lo que Dios está diciendo en mi corazón, en lugar de predicar lo que saqué de los libros, apunté en mis notas y estudié"! Este fue un anhelo de años.

Yo sentía que había algo así, pero no lo conseguí hasta que llegó la gran crisis de Romanos 6 y con ella el cielo abierto. Desde entonces ha sido diferente, totalmente diferente. "...veréis el cielo abierto" y toda la tensión se fue, toda la esclavitud desapareció, toda la limitación; ya no hay domo. Esa es mi gloria hoy. Perdone la referencia personal, pero debo hacerla porque no estamos aquí para dar directrices, estamos aquí en la realidad del Espíritu Santo que directa, inmediata y siempre en aumento, revela a Cristo en nosotros. Esto no será posible hasta que hayamos llegado a nuestro Jaboc, hasta que la vida de Jacob haya sido tratada a través de esa crisis, hasta que el Señor diga: "He aquí, un verdadero israelita en quien no hay Jacob. ¡Usted verá el cielo abierto!"

Existe ese domo, ese cielo cerrado encima de nosotros por naturaleza, pero la cruz desgarró el cielo, el velo se rasgó de arriba abajo. ¡Bendito sea Dios! Cristo se revela a través del velo rasgado de Su carne. Él ya no es visto como Jesús el hombre, ahora es visto en nuestros corazones en toda la plenitud del pensamiento consumado de Dios para el hombre. Ver al Señor Jesús es algo maravilloso y verlo cada vez más, absolutamente maravilloso. Ahí es donde empieza: "He aquí un verdadero israelita en quien no hay engaño, en quien no hay Jacob. ¡Usted verá el cielo abierto!"

Una Nueva Perspectiva para un Nuevo Hombre

Esta palabra "...veréis el cielo abierto" es la nueva perspectiva para un nuevo hombre. ¡Un nuevo hombre, una nueva perspectiva! En la Versión Autorizada, se agrega una palabra que se ha quedado por fuera en la Versión Revisada. La doy por la sencilla razón de que está implícita en el original, sin que necesariamente aparezca. En la Versión Autorizada dice: "De aquí en adelante veréis el cielo abierto." En la Versión Revisada se omite la primera expresión y simplemente dice: "Veréis...." Sin embargo, "veréis" es algo potencial, es un tiempo verbal que apunta a un día futuro. No dice "estáis viendo" sino "veréis." Es una nueva perspectiva para un nuevo hombre.

Aquí está la base de la nueva era, la era del Espíritu Santo. Por la venida del Espíritu el cielo abierto es una realidad. La cruz efectuó la apertura de los cielos para nosotros, pero es el Espíritu Santo quien la hace real en nosotros, tal como sucedió en la muerte, sepultura y resurrección simbólica del Señor Jesús en el Jordán, cuando los cielos se abrieron sobre Él. Al subir del agua en lo nuevo, un cuadro de la resurrección, Él tenía el cielo abierto. Entonces el Espíritu descendió, se posó sobre Él y se convirtió, digamos, en el canal de comunicación, haciendo del cielo abierto todo lo que debía ser en materia de comunicación, conexión, comunión. Es la era del Espíritu, haciendo que todos los valores de Cristo sean reales en nosotros. "Veréis...," lo que era potencial para Natanael es presente para nosotros. ¡Bendito sea Dios! Esa era ha llegado. Estamos en la era del Espíritu Santo, la del cielo abierto.

La Señal de una Vida Ungida por el Espíritu Santo

Ahora, ¿cuál es, entonces, la señal de una vida ungida por el Espíritu Santo? Recordemos que cuando Pablo fue a Éfeso encontró a ciertos discípulos, e inmediatamente y sin dar ninguna explicación del motivo de su pregunta dijo: "¿Recibisteis el Espíritu Santo cuando creísteis?" Y la respuesta de ellos fue: "Ni siquiera hemos oído si hay Espíritu Santo." Entonces, la siguiente pregunta de Pablo está llena de significado y nos lleva de vuelta al Jordán. "¿En qué, pues, fuisteis bautizados? Porque el bautismo está ligado a esta realidad fundamental. Si ustedes no conocen al Espíritu Santo, ¿qué puede significar su bautismo?" "Nosotros fuimos bautizados con el bautismo de Juan." "Ya veo. Bueno, Juan bautizó con bautismo de arrepentimiento, diciendo al pueblo que creyesen en aquel que vendría después de él, esto es, en Jesús el Cristo." Entonces, "cuando oyeron esto, fueron bautizados en el Nombre del Señor Jesús... y el Espíritu Santo vino sobre ellos," así entraron en la escuela de Cristo. La señal de una vida ungida por el Espíritu es que usted conoce a Cristo de manera viva y siempre creciente.

¡Escuche! Esto no es tan elemental ni tan innecesario como parece. Algunos de nosotros somos académicos muy pobres y nos toma mucho tiempo aprender. En mi caso tuvieron que pasar décadas para llegar a una verdadera comprensión de esto. Conocemos mucho y descubrimos que nuestro conocimiento personal y verdadero de Cristo es muy pobre. Somos confrontados con eso constantemente. Finalmente, tarde o temprano, usted y yo vamos a llegar al lugar donde exclamaremos: "¡Yo no necesito saber doctrinas, verdades, temas, contenidos, ni Escrituras como mera materia!" Todo es maravilloso cuando estamos involucrados en eso, pero, ¿qué pasa con todas las doctrinas, temas y estudios de la Biblia cuando un hombre entra en el fuego, en una profunda prueba, en conflicto y perplejidad? ¿Cuál es el valor de todo ello? En realidad, nada de eso resuelve su problema, ni hace que lo supere. Es una tragedia.

Es cierto de muchos de nosotros, que hemos establecido ciertas doctrinas, que hemos estudiado y entendido doctrinas de la Biblia y que sabemos lo que está en la Biblia con respecto a cosas como regeneración, redención, expiación, justificación por fe, santificación...que cuando entramos en una terrible experiencia espiritual, ¡nada de eso cuenta! Llegamos al punto donde, si no fuera por el Señor, tiraríamos la toalla y diríamos: "¡Este cristianismo no funciona!"

Sí, para aquellos que han conocido al Señor por años (el tipo de conocimiento que no va más allá de la acumulación de verdades), esto tiene que ver con el valor de todo eso en la hora de la más profunda angustia espiritual.

Entonces, lo único que puede ayudar no son los bonitos cuadernos llenos de doctrinas, sino, qué conozco del Señor de manera personal y viva en mi propio corazón, qué ha revelado el Espíritu Santo de Cristo en mí, para mí y ha hecho parte de mí. Tarde o temprano llegaremos a eso. Vamos a ser devueltos al conocimiento vivo y espiritual del Señor. Sólo Él personalmente, según es revelado en nuestro propio ser por el Espíritu Santo, puede salvarnos en la hora más oscura.

Llegará el día en que seremos despojados de todo, excepto de lo que conocemos de Cristo de manera interna y espiritual; seremos despojados de todo nuestro conocimiento mental e intelectual. Muchos de los que han sido gigantes en la enseñanza y en la doctrina, han tenido una hora muy oscura al final de sus vidas. ¡Muy oscura, por cierto! Cómo han salido adelante ha dependido del conocimiento interior del Señor en contra de un mero conocimiento intelectual. ¡...cómo pudiera explicar lo que quiero decir con esto!

Por ejemplo, digamos que usted padece de una enfermedad o debilidad específica, y que ha probado de todo, de todo lo que la gente puede proporcionarle para ayudarlo, pero nada ha funcionado. Entonces, de repente, descubre algo en el área alimenticia que realmente le ayuda, y la siguiente vez que es puesto a prueba se toma algo de eso y ve que puede salir adelante. Está en usted, es algo que lo lleva a través de su penosa experiencia. Esto es lo que quiero decir con referencia a este asunto de cómo y qué ha de ser Cristo para nosotros. Él debe estar en nosotros, debe ser aquello sobre lo cual podamos apoyarnos con confianza y seguridad, y al hacerlo Él nos saca adelante.

Tenemos que conocerlo de esta manera, es la única que hay para aprender a Cristo y es por la experiencia. "Veréis el cielo abierto." El Espíritu Santo ha venido para crear un orden completamente nuevo, para que Cristo sea revelado en nosotros como nuestra vida. "Cuando el Espíritu venga, veréis el cielo abierto." Esa es la marca de una vida ungida, ver. Cuando realmente vemos tenemos momentos maravillosos.

Algunos de nosotros hemos tenido esos grandes momentos en situaciones específicas, y algunos de nosotros hemos visto a otros tener sus grandes momentos en situaciones específicas. Hemos visto que ellos conocían todo al respecto, que habían sido enseñados en eso y que se les había inculcado por años. Y de repente, después de varios años, aquello irrumpe sobre ellos y dicen: "¡Miren, estoy comenzando a ver lo que ha sido dicho todo este tiempo!"

Recuerdo a un hombre criado en una familia muy creyente, cuyo padre yo solía comparar con Charles G. Finney. Era como Charles G. Finney en espíritu, alma y cuerpo, y uno de los hijos educado en esta casa era un gran amigo mío desde hacía años. Teníamos una verdadera comunión entre nosotros, siempre hablábamos de las cosas del Señor. Un día, puedo verlo ahora mismo en la esquina de Newington Green, iba a reunirme con él y cuando llegué a Newington Green lo vi a la distancia. Lo vi sonreír, nos acercamos y nos dimos la mano. Él tenía una gran sonrisa. "¿Sabes? He hecho un descubrimiento," dijo. Yo le pregunté: ¿Cuál descubrimiento?" "¡He descubierto que Cristo está en mí! 'Cristo en vosotros, la expectativa de gloria' ha llegado a ser una realidad para mí." "Bueno, yo podría habértelo dicho hace años." "Ah, esa es la diferencia,

97

yo lo veo ahora, lo sé ahora."

¡Eso es precisamente lo que quiero decir! ¡Ojalá el mundo estuviera lleno de cristianos así! ¿No es esto lo que necesitamos? Pero, dado que esto le fue dicho a Natanael, deber ser para todos nosotros. No le fue dicho a Pedro, ni a Santiago, ni a Juan en el monte de la Transfiguración, se le dijo a Natanael, uno del círculo general. Es algo para todos y si quiere que sea reforzado y demostrado, observe lo que dijo el Señor Jesús: "He aquí un verdadero israelita...Veréis el cielo abierto y a los ángeles de Dios que suben y descienden sobre el Hijo del Hombre." ¿Qué ha sucedido? Ha ocurrido una tremenda transición en el curso de unas pocas frases.

"He aquí un verdadero israelita." Esto es para Israel; para los hijos de Jacob, el Israel terrenal. Sí, pero está dentro de los límites terrenales, únicamente dentro de los límites de un pueblo entre las naciones y dentro de los límites de los tipos. Pero ahora, por la formidable transición, el Señor anuló algo que dijo Natanael: "Tú eres el Rey de Israel." "¿Rey de Israel? ¡Eso no es nada!," dijo. "Verás cosas mayores que éstas...¡Veréis el cielo abierto y a los ángeles de Dios que suben y descienden sobre el Hijo del Hombre!" ¡El Hijo del Hombre! Esto es algo enormemente mayor que Israel, es universal. "Verás cosas mayores que éstas." "Veréis el cielo abierto." ¿Para quién? No sólo para Israel, sino para todos los hombres en Cristo, el Hijo del Hombre.

Este título Hijo del Hombre, simplemente representa el pensamiento de Dios concerniente al hombre. ¡El gran pensamiento y la gran intención de Dios respecto al hombre! El cielo abierto es para el hombre que entra al pensamiento de Dios en Cristo. Dios se revela a Sí mismo al hombre en el Hombre. Es para todos nosotros. Que nadie piense que este cielo abierto, esta unción, es para algunos pocos. ¡No, es para todos!

El deseo de Dios, el pensamiento de Dios, es que usted y yo, los más simples, tontos y débiles entre los hombres, los más limitados naturalmente y con la menor capacidad natural, descubramos que nuestra primogenitura es un cielo abierto. En otras palabras, que usted y yo en Cristo, podamos conocer esta obra maravillosa del Espíritu Santo en una revelación interna de Cristo en creciente plenitud. Esto es para nosotros, para cada uno de nosotros.

Ojalá que los cristianos nos movamos hacia el Señor al respecto, y que todos lleguemos a esta primera crisis donde el domo sobre nuestras cabezas se agriete y conozcamos un cielo abierto, al Espíritu que revela a Cristo en nuestros corazones para Su gloria.

Capítulo VII
Aprendiendo Bajo la Unción

Mateo 11:29, *"Llevad mi yugo sobre vosotros, y aprended de mí, que soy manso y humilde de corazón; y hallaréis descanso para vuestras almas."*

Juan 1:51, *"Y le dijo: De cierto, de cierto os digo: De aquí adelante veréis el cielo abierto, y a los ángeles de Dios que suben y descienden sobre el Hijo del Hombre."*

Mateo 3:16, *"Y Jesús, después que fue bautizado, subió luego del agua; y he aquí los cielos le fueron abiertos, y vio al Espíritu de Dios que descendía como paloma, y venía sobre él."*

Juan 1:4, *"En él estaba la vida, y la vida era la luz de los hombres."*

Romanos 8:2, *"Porque la ley del Espíritu de vida en Cristo Jesús me ha librado de la ley del pecado y de la muerte."*

2 Corintios 3:16-18, *"Pero cuando se conviertan al Señor, el velo se quitará. Porque el Señor es el Espíritu; y donde está el Espíritu del Señor, allí hay libertad. Por tanto, nosotros todos, mirando a cara descubierta como en un espejo la gloria del Señor, somos transformados de gloria en gloria en la misma imagen, como por el Espíritu del Señor."*

La escuela de Cristo, es decir, la escuela donde Cristo es la gran lección y el Espíritu el gran Maestro, es la escuela donde la enseñanza no es objetiva sino subjetiva, donde la enseñanza no es sobre cosas, sino hacer de Cristo parte de nosotros internamente por la experiencia. Esa es la naturaleza de esta escuela.

El Significado de la Unción

"Veréis los cielos abiertos." Jesús "vio los cielos abiertos y al Espíritu de Dios descender sobre Él." ¿Qué significa la unción del Espíritu Santo? Nada menos y nada más que la toma del Espíritu Santo de Su lugar como Señor absoluto. La unción trae consigo el señorío absoluto del Espíritu Santo, al Espíritu como Señor. Eso significa que cualquier otro señorío ha sido depuesto y apartado; el señorío de nuestras propias vidas, el señorío de nuestras propias mentes, de nuestras propias voluntades, de nuestros propios deseos; el señorío de otros. Se considera que el señorío de todo interés e influencia, le ha dado lugar al señorío único y exclusivo del Espíritu Santo, y que la unción no se puede conocer ni disfrutar a menos que esto haya tenido lugar. Es por eso que el Señor Jesús bajó a las aguas del Jordán (en tipo y sombra bajó a la muerte y sepultura, representativamente tomó el lugar del hombre), para no estar bajo el gobierno de Su propia vida mientras hacía la voluntad de Dios, sino total y absolutamente sujeto al Espíritu de Dios en cada detalle.

La sepultura del Jordán mostró la eliminación de todo señorío independiente, de cualquier otro señorío, de cualquier otra influencia. Si usted leyera sobre la vida espiritual de Jesús en los Evangelios, vería que Él se sujetaba a esa posición en todo momento. Las influencias que intentaban afectarlo y gobernar Sus movimientos eran muchas y poderosas. A veces era toda la fuerza de un asalto manifiesto de Satanás, que buscaba que Él hiciera ciertas cosas para Su causa o para la mera continuidad de Su vida física. En otras, era Satanás mismo vestido con los argumentos y persuasiones de amados compañeros, que buscaban desviarlo de cierta ruta o influenciarlo para que prolongara Su vida al evitar ciertos sufrimientos. Las influencias llegaban a Él en diversas formas y de todas direcciones, y muchos de los consejos parecían a primera vista sabios y buenos.

Por ejemplo, se le instó acerca de Su visita a una fiesta: "Es lo que todos hacen, si no vas perjudicarás tu causa. Si realmente quieres avanzar en esto, deberás alinearte con lo que es aceptado religiosamente, si no lo haces acabarás perdiendo, reducirás tu propia influencia y disminuirás tu campo de utilidad." ¡Qué atractivo es esto si usted quiere algo de todo corazón, si tiene alguna causa para Dios en el corazón y cuyo éxito es de suma importancia! Tales eran las influencias que lo abrumaban. Pero ya fuera Satanás en ataque directo con toda su astucia, su ingenio y sus insinuaciones, o fuera a través de sus amados y más cercanos discípulos y compañeros, sin importar el argumento, este Hombre no pudo ser apartado ni ápice de Su principio.

"Estoy bajo la unción. Estoy comprometido con la absoluta soberanía del Espíritu Santo. No puedo moverme de ahí, cualquiera que sea el costo. Así me cueste mi vida, mi influencia, mi reputación o lo que me es más querido, no me moveré de aquí a menos que sepa por el Espíritu Santo, que esa es la mente del Padre y no la de nadie más, que esa es la voluntad del Padre y no la de alguien más, que eso proviene del Padre." Así Él postergaba todo hasta que sabía en Su espíritu lo que el Espíritu de Dios testificaba. Vivió a la altura de esta ley, de este principio, de la absoluta autoridad, gobierno y señorío de la unción. La unción había venido para eso.

Eso es lo que significa la unción. ¿Está usted pidiendo la unción del Espíritu Santo? ¿Por qué la está pidiendo? ¿Es la unción algo que se le antoja? ¿Con qué fin? ¿Para utilizarla, para tener poder, para tener influencia, para ser capaz de hacer muchas cosas maravillosas? El primero y más importante significado de la unción es, que no podemos hacer nada excepto lo que la unción nos enseñe y nos lleve a hacer. La unción nos quita todo de las manos, se hace cargo de la reputación, se hace cargo del propósito mismo de Dios. La unción toma control completo de todo y a partir de ese momento todas las cosas están en las manos del Espíritu Santo. Debemos recordar que si vamos a aprender a Cristo, Lo aprenderemos a través del trato del Espíritu Santo con nosotros, y que eso significará ir exactamente por el mismo camino que Cristo fue en principio y en ley.

Vemos entonces que no avanzaremos en el Evangelio de Juan, que es particularmente el evangelio de la escuela espiritual de Cristo, antes de, incluso oír que Él dice: "No puede el Hijo hacer nada por sí mismo." "Las palabras que yo os hablo, no las hablo por mi propia cuenta, sino que el Padre que mora en mí, él hace las obras."

"No puede el Hijo hacer nada por sí mismo." Como usted ve, este es el lado negativo de la unción, mientras que el lado positivo puede resumirse en pocas palabras: "...el Padre que mora en mí, él hace las obras." ¡Únicamente el Padre! Quizás esta idea de la unción sea un poco diferente de la que tenemos. "¡Oh, ser ungido por el Espíritu Santo! ¡Cuántas maravillas vendrán a continuación, qué vida tan maravillosa será!" Lo primero y lo permanente de la unción es que somos prisioneros del señorío del Espíritu de Dios, de modo que no puede haber nada si Él no lo hace. ¡Nada! Si la vida natural es fuerte y está en auge, no será una experiencia placentera. Es por eso que antes de que pueda haber unción debe estar el Jordán. Hacer a un lado esa fuerza natural y al yo es una necesidad, pues la unción conlleva esencialmente el absoluto señorío del Espíritu.

Usted ve el meollo de esto en 2 Corintios 3:16 y 18. "Cuando se conviertan al Señor...," cuando el Señor sea el objetivo en perspectiva, "...el velo se quitará...[y todos nosotros], mirando a cara descubierta como en un espejo la gloria del Señor, somos transformados...en la misma imagen, como por el Espíritu del Señor," o "por el Espíritu, el cual es el Señor." Usted está en la escuela y puede ver y aprender a Cristo, lo cual significará ser transformado en la imagen de Cristo bajo el señorío del Espíritu.

Pero nosotros, cristianos devotos y sinceros, ¡cuánto tiempo nos toma tener al Señor como el único objetivo! ¿Es terrible decir esto? Decimos que amamos al Señor, sí, pero también nos encanta tener nuestro propio camino y que no nos lo frustren. ¿Ha llegado alguno de nosotros a ese punto de logro espiritual en el que nunca se tiene un mal momento con el Señor? No. Aún estamos en el lugar donde a menudo pensamos que nuestros corazones van en cierta dirección por los intereses del Señor, el Señor no nos permite hacerlo, pasamos un mal momento y nos sentimos absolutamente defraudados. Nuestros corazones estaban en ello. Definitivamente no es fácil ni simple para nosotros decir: "Bien, Señor, estoy tan complacido como si me hubieras permitido hacerlo. Siempre me complace hacer Tu voluntad."

Nos desilusiona que el Señor no nos autorice hacerlo, o si el Señor lo demora, ¡qué tiempo más difícil vamos a pasar! El tiempo expone nuestro verdadero motivo. ¿No es eso cierto en la mayoría de nosotros? ¡Sí, es cierto! Esto solo significa que el Señor realmente no es nuestro objetivo como creíamos que era. Tenemos otro objetivo paralelo y asociado con el Señor, es decir, algo que queremos ser o hacer, algún sitio a donde queremos ir, algo que queremos tener. Todo está ahí y el Espíritu Santo sabe todo al respecto. En esta escuela de Cristo, donde el objetivo de

Dios es Cristo, sólo Cristo y absolutamente Cristo, la unción misma indica que el objetivo tiene que ser Cristo como Señor mediante el Espíritu. La unción toma esa posición.

Bueno, ya es bastante por el momento sobre el significado de la unción. Fue cierta en Él y tiene que ser cierta en nosotros.

Señorío y Sumisión

Si vamos a graduarnos en esta escuela, a graduarnos para la gloria final y plena de Cristo, para ser instrumento competente en Su Reino para gobernar, la única forma de aprender ese gobierno espiritual, divino y celestial, lo cual es Su destino para los santos, es mediante la sujeción al Espíritu Santo. Esta palabra "sujeción" en el Nuevo Testamento es muy interesante. Creo que ha sido bastante maltratada y que se le ha dado un significado incorrecto y desagradable. La idea común de sujeción es 'ser aplastado debajo de', 'estar debajo de' todo el tiempo, 'suprimido'. "Las casadas estén sujetas a sus propios maridos...," y así se interpreta ahora: "¡Esposas, ustedes tiene que estar por debajo de sus maridos!." Pero la palabra no implica eso, para nada.

¡Voy a tratar de comunicar lo que la palabra griega para sujeción o sumisión realmente implica! Veamos. En una hoja de papel anote el número 1 y luego escriba las palabras sujeción o sumisión. ¿Cómo lo hizo? No las escribió debajo del número 1, ¿verdad? El número 1 es lo primero, está al frente de todo lo que viene después, gobierna y da valor a todo el resto. La palabra "sujeción" significa "colocar al lado de o después de." Significa que Él tiene la preeminencia en todas las cosas, que nosotros venimos después y tomamos nuestro valor de Él. No tiene que ver con aplastar, sino con tomarlo todo de Él por ser el primero, pero usted nunca obtendrá los beneficios hasta que conozca la sujeción a Cristo. Es decir, usted viene después, toma el segundo lugar, toma el lugar en el que se obtienen todos los beneficios; recibe valor al tomar un determinado lugar.

La iglesia no está sujeta a Cristo en ese sentido represivo, ni debajo de Su talón o de Su dedo pulgar, ella viene inmediatamente después, al lado. Él tiene la preeminencia y la iglesia, Su novia, toma todo lo bueno de Su preeminencia, de Su primer lugar. ¡La Iglesia en un segundo plano, sí! ¿A quién le importa estar en un segundo lugar si va a recibir todos los valores del primer lugar solo por colocarse en el segundo? Eso es sujeción. La intención del Señor para la iglesia es que ella lo tenga todo.

¿Cómo lo conseguirá? No será tomando para sí el primer lugar, sino colocándose al lado del Señor y dejándolo tener la preeminencia en todas las cosas. Eso es sumisión, eso es sujeción. El señorío del Espíritu no es algo difícil, que nos despoja, que nos quita todo, que nos mantiene aplastados todo el tiempo para que no nos atrevamos a movernos. El señorío del Espíritu nos lleva a la plenitud de ese liderazgo, pero tenemos que aprender lo que es el señorío antes de que podamos alcanzar esa plenitud. "Porque de su plenitud tomamos todos..." El problema siempre ha sido, desde Adán hasta nuestros días, que el hombre no quiere la plenitud de alguien más, solo la propia, quiere tenerlo todo en sí mismo, en nadie más. El

Espíritu Santo reduce ese terreno debajo de nuestros pies y dice: "Es Su plenitud, es en Él." Él debe tener Su lugar de absoluto señorío antes de que podamos conocer Su plenitud.

¡Qué el Señor nos dé gracia para aceptar el significado del Jordán, para que podamos tener el cielo abierto, y a través del cielo abierto, tener la unción que trae sobre nosotros toda la plenitud del cielo! Esto significa el señorío absoluto del Espíritu.

Lección número uno en la escuela...Bueno, ni siquiera es la lección número uno, es la base de entrada a la escuela, el examen preliminar: Ingresaremos a la escuela hasta que aceptemos el señorío del Espíritu Santo. Por eso tantas personas no llegan muy lejos en el conocimiento del Señor. Ellas nunca han aceptado las implicaciones de la unción, en realidad, nunca han bajado al río Jordán. Su progreso, su aprendizaje, es muy lento, muy pobre. Encuentre a una persona que por despejar la vía para el señorío del Espíritu, realmente conoce el significado de la cruz o del Jordán, y encontrará un rápido crecimiento, un desarrollo espiritual superior a los demás. Es muy cierto. Esto es lo preliminar, la prueba de ingreso, pero cuando ingresa en la escuela comienza la lección uno.

La Primera Lección en la Escuela de Cristo

Esto no es más que una repetición de lo que ha sido enérgicamente dicho en lecciones anteriores. La primera lección en la escuela de Cristo que va a enseñarnos el Espíritu Santo, es lo que hemos llamado la "otredad" de

Cristo con respecto a nosotros. Ésta podría ser no sólo la primera lección, sino una que continúa a lo largo de toda la vida, pero es la lección con la que comienza el Espíritu Santo, con la absoluta "otredad" de Cristo con respecto a lo que somos nosotros. Tome el Evangelio de Juan con este pensamiento en mente y léalo de nuevo, tranquila y constantemente. ¡Cuán distinto es Cristo de las demás personas, incluso de Sus discípulos! Usted puede extenderse desde el Evangelio de Juan a todos los demás evangelios con esta única idea en mente. ¡Cuán absolutamente distinto es Él!

Esa diferencia se afirma una y otra vez. "Vosotros sois de abajo; yo soy de arriba," por ejemplo. Esa es la diferencia, y dicha diferencia se convierte en un choque a lo largo de todo el camino; un choque de juicios, de mentalidades, de voluntades, de ideas, de valores. Un choque entre Él y los demás en todo, incluso, un choque entre Él y Sus discípulos, los que están con Él en la escuela. Su naturaleza es diferente. Él posee una naturaleza celestial, una naturaleza divina. ¡Nadie más la tiene! Él tiene una mente celestial, y por consiguiente, una mentalidad celestial; ellos tienen una mentalidad terrenal. ¡No existe un punto de encuentro entre ambas mentalidades! Cuando se ha dicho la última palabra, hay un grandísimo abismo entre ambas. ¡Él es absolutamente otro!

Siendo así estamos en una gran desventaja, se podría decir. Él es una cosa y nosotros otra, pero esa es justamente la naturaleza y el significado de esta escuela. Y, ¿cómo se resuelve este problema? Bueno, Él les habla de un tiempo, del tiempo cuando Él estará en ellos y ellos estarán en Él, y que cuando ese tiempo llegue, serán completamente diferentes de lo que son, en la más íntima y profunda realidad de sus seres. Es decir, que estará en ellos lo que es Cristo, lo que es Cristo en todo lo que Él es, como el absolutamente Otro. A veces creerán que lo mejor es hacer tal cosa, pero ese completamente Otro dentro de ellos no se los permitirá. A veces pensarán que lo más sabio es no hacer tal otra cosa, pero ese completamente Otro se mantiene diciendo: "¡Adelante con ello!" El hombre exterior dice: "¡Es una locura! ¡Voy de cabeza al desastre!" Y el Hombre interior responde: "¡Debes hacerlo!" Estos dos no pueden ser reconciliados.

Él está en el interior y es totalmente Otro. Nuestra educación es aprender a seguirlo a Él, a seguir Su camino: "Si alguno quiere venir en pos de mí, niéguese a sí mismo... y sígame." "Niéguese a sí mismo," niegue sus argumentos, sus juicios, a veces, hasta su sentido común, "y sígame," y Cristo es vindicado cada vez. Los hombres han hecho las mayores locuras desde el punto de vista de este mundo y han sido vindicados. Esta no es una sugerencia para que usted vaya y empiece a hacer locuras; de lo que estoy hablando es de la autoridad de Cristo en el interior, de la diferencia que hay entre Cristo y nosotros. Ésta es la primera lección que el Espíritu Santo le enseñará a cualquiera que entre a la escuela de Cristo, que existe esta gran diferencia, este gran abismo, que Él es una cosa y nosotros otra muy distinta, y que nunca estaremos seguros de estar en la ruta correcta, a menos que lo sometamos todo a Él.

Por eso la oración debe tener un lugar muy importante en la vida de un hijo de Dios, y por eso la oración tenía un lugar muy importante en Su vida cuando Él estuvo en la tierra. La vida de oración del Señor Jesús es, en cierto ámbito y sentido, el mayor problema que usted puede enfrentar. Él es Cristo, Él es el Hijo de Dios, Él está bajo la unción del Espíritu Santo y no tiene pecado en Su persona, y aún así, tiene que pasar toda la noche en oración después de un largo y pesado día de trabajo. Una y otra vez, usted lo encuentra en oración. ¿Por qué tenía que orar Él? Debido a que había otras influencias en la obra, a que había otras cosas que buscaban consideración, respuesta y obediencia. Debido a que debía mantenerse alineado con la unción todo el tiempo, en armonía con el Espíritu, bajo cuyo gobierno se había colocado. Debido a que Él no podía decidir nada por Sí mismo.

Si Él tenía que hacer esto, ¿qué de nosotros? Ni siquiera estamos en Su nivel libre de pecado. Todos tenemos en nuestra misma naturaleza lo que lucha violentamente contra Dios, contra la mente de Dios, contra la voluntad de Dios. ¡Cuánto más necesario es para nosotros, entonces, tener una vida de oración, a través de la cual el Espíritu nos dé una oportunidad de mantenernos rectos, en el propósito divino, en los caminos y los tiempos del Señor!

Amado, si hay algo que un hijo de Dios aprenderá bajo el señorío del Espíritu Santo será: ¡Cuán distinto es Él de nosotros, cuán distintos somos nosotros de Él; cuán totalmente diferentes! Pero ahora en esta administración, si somos verdaderamente hijos de Dios, ese absolutamente Otro no es meramente objetivo, sino interior. ¡Bendito sea Dios! Esta es la segunda etapa de este asunto de la "otredad." La primera es el hecho de la diferencia. ¿La aceptará usted? ¿Resolverá usted esto ahora, en este mismo punto y en este mismo momento? El Señor Jesús es totalmente distinto de lo que yo soy. Cuando pienso que estoy perfectamente en lo correcto, Él aún sigue siendo totalmente Otro. Yo no puedo fiarme de mi propio sentido de justicia, a menos que haya sometido mi justicia a Él. Esto es absoluto, pero muy necesario.

Muchos hemos aprendido estas lecciones. No estamos hablando de un libro, sino de nuestra propia experiencia. A veces hemos estado bastante seguros de tener razón y hemos ido hacia adelante siguiendo nuestra propia justicia en dicho juicio, sólo para llegar a una dolorosa desilusión y quedarnos en medio de una niebla de perplejidad y desconcierto. ¡Estábamos tan seguros de estar en lo correcto y mira a dónde hemos acabado! Entonces, cuando pensamos en ello y lo ponemos delante del Señor, tenemos que preguntarnos: "¿Cuánto esperé en el Señor y por el Señor en esto? ¿No me precipité un poco con mi propio sentido de justicia?"

Este es el caso de David y el arca. El motivo de David era correcto y su sentido del propósito de Dios también. Que Dios quisiera que el arca estuviera en Jerusalén era suficiente, pero David metió el asunto en su alma como una idea, la desarrolló con gran entusiasmo dentro de él e hizo el carro. El motivo, el buen motivo, la buena idea, el espíritu devoto, lo metió en el más horrible problema. El Señor hirió a Uza y murió delante de Él, el arca se quedó en la casa de Obed-edom y allí permaneció. Todo porque un hombre tuvo una buena y justa idea, pero no había esperado en el Señor. Usted conoce el resto.

Más tarde David les dijo a los jefes de los Levitas: "Ustedes que son los principales padres de las familias de los levitas, santifíquense, ustedes y sus hermanos, y pasen el arca de Jehová Dios de Israel al lugar que le he preparado; pues por no haberlo hecho así ustedes la primera vez, Jehová nuestro Dios nos quebrantó, por cuanto no le buscamos según su ordenanza." La instrucción había estado ahí todo el tiempo, pero él no había esperado en el Señor. Si David hubiera traído su devoto entusiasmo quietamente delante del Señor, Él lo habría dirigido a la instrucción que le había dado a Moisés y le habría dicho: "Sí, todo está bien, pero recuerda, así es como debe ser transportada." No habría ocurrido una muerte, ni retraso y todo habría salido bien.

Sí, podemos tener una muy buena idea para el Señor, pero tenemos que someterla a Él, para estar muy seguros de que no es nuestra idea para el Señor, sino la mente del Señor que ha nacido en nosotros. ¡Es muy importante aprender a Cristo...Él es tan Otro!

Como ve, esto divide ampliamente a los cristianos en dos clases. Existe la muy grande clase de cristianos, cuyo cristianismo es objetivo, externo. Han adoptado una vida cristiana en la que hacen muchas cosas que no habían hecho. Van a reuniones, van a la iglesia, leen la biblia...un montón de cosas que no solían hacer, y dejan de hacer muchas cosas que en otro momento hicieron. Esto es lo que más o menos vale en esta clase de cristianos. Ahora es un asunto de hacer o no hacer, de ir o no ir, de ser un buen cristiano exteriormente. Es una clase bastante numerosa con sus diversos grados de luz y sombra; una numerosa clase de cristianos, en efecto.

Hay otros que están en esta escuela de Cristo, para quienes la vida cristiana es un asunto interno, que se trata de caminar con el Señor y de conocerlo a Él en sus corazones, en mayor o menor medida. Esa es la naturaleza de esta clase, caminar interna y realmente con un Señor vivo en sus propios corazones. Hay una enorme diferencia entre esas dos clases.

La Ley del Espíritu o el Instrumento de Instrucción

¿Por cuáles medios nos da a conocer el Espíritu la "otredad?" Porque el Espíritu no nos habla en un lenguaje audible ni de palabras. No escuchamos una voz externa diciendo: "Este es el camino, ¡síguelo!" Entonces, ¿cómo vamos a saber? Mediante lo que el apóstol Pablo llama, "la Ley del Espíritu de vida en Cristo Jesús."

¿Cómo vamos a saber? ¿De qué manera vamos a ser iluminados sobre la diferencia entre nuestros caminos, nuestros pensamientos, nuestros sentimientos y los del Señor? ¿Cómo vamos a tener luz? "En él estaba la vida, y la vida era la luz de los hombres." La vida era la luz. "El que me sigue no andará en tinieblas, sino que tendrá la luz de la vida."

Entonces, el instrumento de educación del Espíritu, si se me permite llamarlo así, es la vida en Cristo. Es decir, conocemos la mente del Espíritu mediante la vida vivificante, perceptiva, discernidora y divina del Espíritu de vida. "La ley del Espíritu de vida en Cristo Jesús me liberó de la ley del pecado y de muerte."

Por otro lado, si estamos vivos para el Señor, sabremos cuando el Espíritu no está de acuerdo con algo por un sentido de muerte, muerte en esa dirección. Esto es algo que nadie puede enseñarnos con palabras o al darnos una lección, pero es algo que podemos saber. Usted lo descubre por reacciones, a menudo violentas. Toma un rumbo y tiene una mala reacción. Se esfuerza en cierta dirección para alcanzar algo determinado, pero si se detuviera por un momento y mirara sabría que es usted quien está tratando de lograrlo. Sabría bastante bien que no es espontáneo, que carece de la espontaneidad, señal que es del Señor. Sabría que el Señor no es el que está siendo visto, que usted no tiene sentido de espontaneidad ni de paz, que tiene que esforzarse, dirigirlo y hacer que ocurra.

Creo que todo verdadero hijo de Dios sabe de qué estoy hablando. Recuerde, en la escuela la Vida es el instrumento del Espíritu para enseñar a Cristo. La marca de un espíritu gobernado y ungido, hombre o mujer, es que se mueve en la Vida, ministra Vida y que lo que brota de él significa Vida. Sabe por esa misma ley de Vida, dónde está el Señor, en qué está, qué busca y qué quiere. ¡Así es como lo sabe! No oye una voz, no ve una visión objetiva, pero muy adentro en su espíritu, la Vida gobierna.

¡Cuán necesario es que estemos vivos para Dios en Cristo Jesús! ¡Cuán necesario es que aprovechemos la Vida todo el tiempo! Si Satanás logra traer su espíritu de muerte sobre nosotros y poner nuestro espíritu bajo ese manto de muerte, de inmediato se cortará la luz y quedaremos trastabillando; no sabremos dónde estamos, ni qué hacer. Él siempre busca hacer eso, y la nuestra es una batalla continua por la Vida.

Todo lo necesario para la realización del propósito de Dios está ligado a esta Vida. Esta Vida es potencialmente la suma de todo el propósito divino. Tal como en la semilla está la vida y dicha vida resultará en un gran árbol si es liberada, así también en la vida que nos ha sido dada en nuestra infancia espiritual, en nuestro nuevo nacimiento, está todo el poder del pensamiento completo, final y consumado de Dios. Satanás queda fuera, no sólo para cortar nuestra vida, sino para evitar la plena exhibición de los intereses y deseos de Dios que están en esa vida eterna dada a nosotros ya.

El Espíritu siempre está preocupado por esa Vida. Él nos diría: "Cuiden la Vida. No permitan que nada interfiera con ella. Vean que cada vez que algo perturbe al Espíritu y detenga la operación de la Vida, acudan inmediatamente a la preciosa sangre que permanece como un testigo contra la muerte, a la preciosa sangre de Jesús; la Vida incorruptible, la testigo en los cielos de la victoria sobre el pecado y la muerte, y mediante la cual ustedes han sido liberados de las manos de Satanás." Esa sangre preciosa es la base sobre la cual debemos afirmarnos para enfrentar todo lo que aflige al Espíritu y limita la operación de la Vida. Porque por ella llegamos a conocer, y conocemos a través de este Camino vivo, la plenitud siempre creciente de Cristo. ¡Qué el Señor nos ayude!

Capítulo VIII

La Ley que Gobierna el Amor Divino

Empezaremos leyendo los siguientes pasajes:

Juan 1:4, *"En él estaba la vida, y la vida era la luz de los hombres."*

Juan 2:3, *"Y faltando el vino, la madre de Jesús le dijo: No tienen vino."*

Juan 3:3, *"Respondió Jesús y le dijo: De cierto, de cierto te digo, que el que no naciere de nuevo, no puede ver el reino de Dios."*

Juan 4:13-14, *"Respondió Jesús y le dijo: Cualquiera que bebiere de esta agua, volverá a tener sed; mas el que bebiere del agua que yo le daré, no tendrá sed jamás; sino que el agua que yo le daré será en él una fuente de agua que salte para vida eterna."*

Juan 5:5-9, *"Y había allí un hombre que hacía treinta y ocho años que estaba enfermo. Cuando Jesús lo vio acostado, y supo que llevaba ya mucho tiempo así, le dijo: ¿Quieres ser sano? Señor, le respondió el enfermo, no tengo quien me meta en el estanque cuando se agita el agua; y entre tanto que yo voy, otro desciende antes que yo. Jesús le dijo: Levántate, toma tu lecho, y anda. Y al instante aquel hombre fue sanado, y tomó su lecho, y anduvo. Y era día de reposo aquel día."*

Juan 6:33-35, *"Porque el pan de Dios es aquel que descendió del cielo y da vida al mundo. Le dijeron: Señor, danos siempre este pan. Jesús les dijo: Yo soy el pan de vida; el que a mí viene, nunca tendrá hambre; y el que en mí cree, no tendrá sed jamás."*

Juan 9:1-7, *"Al pasar Jesús, vio a un hombre ciego de nacimiento. Y le preguntaron sus discípulos, diciendo: Rabí, ¿quién pecó, éste o sus padres, para que haya nacido ciego? Respondió Jesús: No es que pecó éste, ni sus padres, sino para que las obras de Dios se manifiesten en él. Me es necesario hacer las obras del que me envió, entre tanto que el día dura; la noche viene, cuando nadie puede trabajar. Entre tanto que estoy en el mundo, luz soy del mundo. Dicho esto, escupió en tierra, e hizo lodo con la saliva, y untó con el lodo los ojos del ciego, y le* *dijo: Ve a lavarte en el estanque de Siloé (que traducido es, Enviado). Fue entonces, y se lavó, y regresó viendo."*

Juan 11:1-6, 17, 21, 23, 25-26, *"Estaba entonces enfermo uno llamado Lázaro, de Betania, la aldea de María y de Marta su hermana. (María, cuyo hermano Lázaro estaba enfermo, fue la que ungió al Señor con perfume, y le enjugó los pies con sus cabellos) Enviaron, pues, las hermanas para decir a Jesús: Señor, he aquí el que amas está enfermo. Oyéndolo Jesús, dijo: Esta enfermedad no es para muerte, sino para la gloria de Dios, para que el Hijo de Dios sea glorificado por ella. Y amaba Jesús a Marta, a su hermana y a Lázaro. Cuando oyó, pues, que estaba enfermo, se quedó dos días más en el lugar donde estaba...Vino, pues, Jesús, y halló que hacía ya cuatro días que Lázaro estaba en el sepulcro...Y Marta dijo a Jesús: Señor, si hubieses estado aquí, mi hermano no habría muerto...Jesús le dijo: Tu hermano resucitará...Le dijo Jesús: Yo soy la resurrección y la vida; el que cree en mí, aunque esté muerto, vivirá. Y todo aquel que vive y cree en mí, no morirá eternamente. ¿Crees esto?"*

El Punto Cero

Todos esos pasajes son realmente una secuencia, fluyen desde el primero: "En él estaba la vida; y la vida era la luz de los hombres." Note que todos representan un punto cero. La madre de Jesús le dijo: "No tienen vino, no hay nada qué servir." El siguiente capítulo es sólo otra forma de decir lo mismo. Nicodemo se acercó a Jesús y buscó iniciar una conversación con el Señor en el punto que él consideraba que era un buen punto de partida, pero era un punto que estaba muy por delante para que el Señor lo aceptara. Así que Jesús lo llevó de regreso a un punto cero y le dijo: "Os es necesario nacer de nuevo." No podemos comenzar en ningún punto más allá de este. Si usted y yo vamos a entrar en algún tipo de relación viva, debemos regresar ahí; debemos llegar a cero y empezar de cero. "Os es necesario nacer de nuevo," pues quien no haya nacido de nuevo, no puede ver. De nada sirve comenzar en un punto en el que, después de todo, estamos incapacitados para ver.

El capítulo 4 no es más que otra manera de exponer la misma verdad. La mujer es hallada en bancarrota, en cero. Jesús gradualmente la lleva hasta que finalmente dice: "Bien, no sé nada sobre eso, no tengo nada de eso. He estado viniendo aquí cada día, día tras día, pero no sé nada acerca de lo que has estado hablando." Se redujo a cero. Entonces Él dice: "Es aquí donde comenzamos. El agua que Yo te daré no se extrae de tus propios recursos, no se saca de tu pozo, no es algo que puedas producir ni algo que Yo pueda mejorar. No, es algo que viene única y exclusivamente de Mí. Es un acto completamente nuevo, distinto de ti. Es el agua que Yo te daré. Comencemos todo otra vez en este punto."

Luego en el capítulo 5, el Espíritu Santo es cuidadoso en dejar perfectamente claro que este pobre hombre estaba en un estado de desaliento total, que todo esfuerzo era fallido, que toda esperanza estaba perdida. Por 38 años, toda una vida, este hombre había estado en ese estado, y hay una nota de desesperación en él. El Señor Jesús no le dice: "Mira, eres un pobre cojo, voy a tomarte en mis manos y después de un tratamiento te pondré de pie. Haré que estos viejos miembros se renueven, mejoraré tu condición." ¡No, para nada! En un instante, en un momento hay un nuevo inicio. El efecto de lo que Él hace es como si el hombre hubiera vuelto a nacer. Esta no es la cura del viejo hombre, es la creación de un nuevo hombre, en principio. Es algo que viene y que no existía ahí antes, que no podía ser producido antes, la base no estaba ahí, es una obra única y exclusivamente de Cristo. El hombre estaba en cero y el Señor comenzó de cero.

En el capítulo 6 tenemos una gran multitud. "¿Dónde compraremos suficiente pan para esta multitud?" Bueno, la situación es bastante desesperada, pero Él la resuelve. Luego continua con la gran enseñanza que interpreta lo que Él acaba de hacer al alimentar a la multitud. Dice: "Yo soy el Pan que bajó del cielo. No hay nada en esta tierra que pueda satisfacer esta necesidad, tiene que venir del cielo. Pan que viene del cielo para vida del mundo, de lo contrario, el mundo está muerto. Comenzamos de cero." (Los panes y los peces pueden representar nuestra pequeña medida de Cristo que puede ser incrementada).

En el capítulo 9 encontramos al hombre que nació ciego. No se trata de un hombre que perdió la vista y la recuperó. Este no es el punto aquí. La gloria de Dios no se encuentra en las mejoras, la gloria de Dios se encuentra en la resurrección. Eso es lo que se muestra aquí. La gloria de Dios no se encuentra en nuestra capacidad de producir algo, o en poner algo en las manos de Dios que pueda tomar y usar. La gloria de Dios es algo que se origina exclusivamente en Él y en lo que nosotros no podemos contribuir con nada. La gloria de Dios sale de cero. El hombre había nacido ciego y el Señor Jesús le dio la vista.

Luego el capítulo 11 lo agrupa todo. Si usted se sienta y mira a Lázaro, descubrirá que Lázaro es la personificación de: "No tienen vino." La personificación de: "Debes nacer de nuevo." La personificación de: "El agua que Yo te daré, será en..." Es la personificación de un estado de bancarrota; ha estado en la tumba por cuatro días, pero el Señor va llegando. Lázaro es la personificación del capítulo 6: "Yo soy el pan de vida que bajó del cielo...para la vida del mundo." Lázaro es la personificación del capítulo 9, un hombre sin vista a quien el Señor Jesús le da vista. ¡Lázaro lo reúne todo!

Ahora bien, note que al reunirlo todo, el Espíritu Santo tiene buen cuidado en destacar y hacer hincapié en una cosa, a saber, que el Señor Jesús no tocará el asunto hasta que esté muy, muy lejos de toda solución humana. Él no entrará en escena, ni se asociará, hasta que, desde el punto de vista humano, todo esté en bancarrota, en cero. Y no es una cuestión de falta de interés, de falta de simpatía o de falta de amor, pues el Espíritu señala una vez más que el amor estaba ahí. Pero el amor está obligado por una ley.

La Ley que Gobierna – La Gloria de Dios

El amor divino está gobernado por una ley; en lo que a Dios concierne Su amor está bajo la ley de la gloria de Dios.

Él muestra Su amor, sólo en tanto que al mostrarlo sea para Su gloria. Él se rige por esto. Su objetivo en todas las manifestaciones de Su amor es ser glorificado, y la gloria de Dios está ligada a la resurrección. "¿No os he dicho, que si creéis, veréis la gloria de Dios?" "Tu hermano resucitará." La gloria de Dios está en la resurrección, por lo tanto, el amor exige que todo venga al lugar donde la única opción es la resurrección; no para curar las cosas, ni para subsanar al viejo hombre.

Déjeme volver de inmediato al inicio. Aún hay muchas personas en este mundo, que creen que hay algo en el hombre que puede contribuir a la gloria de Dios, y que el cristianismo es la única forma de sacar del hombre ese algo que glorifica a Dios. Esta es una larga y antigua falacia y mentira. No es verdad. Llámelo como quiera, tiene varios nombres, "luz interior" o "chispa vital." La Palabra de Dios cae fuertemente sobre este hecho todo el trayecto.

Yo comienzo de cero y el cero significa para mí, que yo no puedo contribuir con nada. ¡Todo tiene que venir de Dios! El hecho mismo de que el regalo de Dios es la vida eterna, significa que usted no la tiene hasta que le es dada. Usted está ciego hasta que Dios le da el don de la vista. Usted está muerto hasta que Dios le da vida. Usted es un lisiado sin esperanzas hasta que Dios hace algo por usted y en usted, que usted mismo no podía ni, podría hacer. A menos que Dios lo haga, a menos que ese hecho tenga lugar... bueno, usted está muerto. Espiritualmente, así es como usted está. Usted no puede contribuir con nada. "Nicodemo, no tienes nada que dar, debes nacer de nuevo. ¡No puedo reunirme contigo en el punto en el que vienes a Mí!." "Mujer de Samaria, no tienes nada, lo sabes y lo

confiesas. ¡Ahí es donde Yo empiezo!" "Hombre de
Betesda, no puedes hacer nada y lo sabes. ¡Entonces todo
depende de Mí! Si alguna vez va a ocurrir algo, dependerá
de Mí." "Lázaro, ¿qué puedes hacer tú ahora? ¿Qué puede
hacer alguien por ti? Si no irrumpo del cielo y hago algo,
entonces no queda nada más que corrupción."

Esta es una de las grandes lecciones que usted y yo
tenemos que aprender en la escuela de Cristo, que Dios
comienza en cero para Su gloria y que se esfuerza por medio
del Espíritu Santo, para darnos a conocer ese cero. Es
decir, para llevarnos conscientemente a cero y que nos
demos cuenta de que todo está en Él. El fin siempre
gobierna a Dios y ese fin es Su gloria. Tome la palabra
"gloria" a lo largo de Evangelio de Juan; la gloria de Dios en
relación con Cristo.

Decíamos en una lección anterior, que el gran fin de
Dios para nosotros, los que estamos en Cristo es la gloria, la
plenitud de gloria. Sí, pero entonces viene esto: "Que nadie
se jacte en su presencia." ¿Y de dónde viene eso? "El que se
gloría, gloríese en el Señor." ¿Y con qué se relaciona? Él
"nos fue hecho por Dios sabiduría, justicia, santificación y
redención, para que, según como está escrito: El que se
gloría, gloríese en el Señor." Se trata de lo que Él es hecho.
Ninguna carne se glorifica delante de él. "Mi gloria no daré
a otro." Por lo tanto, todo es asunto del Señor y Él lo
retendrá en Sus propias manos. "Y cuando él hubo oído...
se quedó dos días...donde estaba," en el amor, gobernado
por el amor. El Señor se mantuvo alejado para que la gloria
de Dios pudiera ser revelada.

¿Nos hemos establecido en esto? Nos toma mucho
tiempo aprender estas lecciones básicas. Aún nos afer-

ramos a una especie de idea de que podemos producir algo, y nuestros días se vuelven miserables y nos sentimos perfectamente miserables, como resultado de no ser capaces de conseguirlo, por fracasar todo el tiempo. Nos lleva mucho tiempo llegar al lugar donde logramos resolver esta cuestión plena y absolutamente. Aunque viviéramos desde que existe el hombre en esta tierra, no podríamos contribuir con algo que pudiera ser agradable para Dios, o que Él pudiera tomar y utilizar para nuestra salvación, para nuestra santificación o para nuestra glorificación; ni un ápice. Todo lo que Él puede usar es a Su Hijo, y la medida de nuestra gloria final será la medida de Cristo en nosotros, sólo eso.

Hay diferencias en la gloria, tal como una cosa difiere de otra. Una gloria del sol, otra de la luna, otra de las estrellas. Hay diferencias en el grado de gloria y la diferencia está, en última instancia, en la medida de Cristo que cada uno de nosotros tiene con solidez. Que a su vez depende, de cuánto estemos usted y yo haciendo de Cristo el fundamento de nuestra vida y de nuestro ser mediante la fe. De hasta qué punto el principio de estas conocidas palabras tiene su aplicación en nuestro caso: "No lo que soy, sino lo que Tú eres." Cristo es toda la gloria, "el Cordero es toda la gloria en la tierra de Emanuel."

Amado amigo, con lo que sea que termine, termine con esto: Desde la perspectiva de Dios, la gloria de la Vida depende enteramente de la comprensión, apropiación y reconocimiento de Cristo mediante la fe, y de que no hay gloria en lo absoluto para nosotros ahora o en el tiempo por venir, sino por este motivo y en este sentido. Yo sé lo básico que es y cuán elemental, pero es un asunto de gobierno.

Gloria: que el Señor sea glorificado en nosotros. ¿Qué cosa más grande podría suceder sino que el Señor sea glorificado en nosotros? La gloria de Dios está ligada a la resurrección y la resurrección es prerrogativa única y exclusiva de Dios. Así que, si Dios va a ser glorificado en nosotros, usted y yo tenemos que vivir en Él como nuestra "resurrección y la vida" día a día, y conocerlo a Él a medida que avanzamos por la vida.

Amén.

Apéndice

Biografía de Theodore Austin-Sparks

Pregonero de Cristo

Al leer los escritos de T. Austin-Sparks hay algo que se hace claro, y es la poca atención que se da a sí mismo o a su vida. En lugar de esto, le da toda la atención a Cristo. Nuestra atención es desviada continuamente del mensajero hacia Él, hacia el que es el Mensaje. No obstante, para aquellos a quienes les interesa la vida del mensajero y el trabajo de Dios en él, he aquí un breve resumen.

Theodore Austin-Sparks nació en Londres en 1889, y fue educado en Escocia. Su madre amaba al Señor y le dio a su hijo un gran ejemplo de piedad. Su vida cristiana comenzó en 1906, cuando tenía 17 años. Caminaba abatido por una calle de Glasgow un domingo por la tarde, cuando se detuvo a escuchar a algunos jóvenes cristianos que testificaban al aire libre. Aquella noche él confió su vida al Salvador, y el domingo siguiente estaba dando unas palabras de testimonio con los jóvenes en esa reunión al aire libre. Fue el comienzo de una vida de predicación del evangelio que duró sesenta y cinco años.

En ese tiempo, el pueblo evangélico estaba todavía bajo la fuerte influencia del avivamiento que hubo en Gales en 1904-1905, que se manifestaba como una búsqueda de una experiencia más profunda con el Señor Jesucristo. Fue en este contexto espiritual que el joven T. Austin-Sparks dio sus primeros pasos como cristiano. Él en su deseo de tener algún entendimiento espiritual leía mucho, y por encima de todo, estudiaba su Biblia. Buscaba ardientemente los tesoros nuevos y viejos que en ella pueden ser hallados.

En aquellos días, uno de los mayores predicadores de Inglaterra, G. Campbell Morgan, deseando ayudar a un grupo de jóvenes en el estudio de la Palabra, comenzó a tener reuniones con ellos todos los viernes. Por 52 semanas, Campbell Morgan se reunió con ellos y los preparó para el servicio cristiano. Entre sus alumnos más aventajados estaba T. Austin-Sparks. Por esa razón, él pasó a ser muy requerido como expositor en conferencias. Su enseñanza bíblica era bien original en la época, especialmente en relación a los esbozos de los libros de la Biblia, o a los esbozos de la Biblia como un todo.

El Cielo Abierto

Entre 1912 y 1926 fue pastor de tres iglesias evangélicas en Londres. Por largo tiempo buscó la comunión con otros pastores, como George Patterson y George Taylor, con quienes oraba todos los martes al mediodía. Cierta vez, mientras ministraba en una iglesia bautista, vio venir una tremenda transformación sobre toda la congregación. Uno tras otro, los conocidos fueron siendo salvados. Pero

Austin-Sparks, pese a ser un joven bastante conocido y tener mucho futuro, sentía una tremenda pobreza en su vida. Sentía que estaba predicando cosas que en realidad no eran su experiencia. Él no tenía dudas de que había nacido de nuevo, de que Dios lo había salvado, de que había sido justificado, de que el Espíritu Santo era realmente el Espíritu de Dios, de que Cristo era el Ungido, pero sentía que estaba predicando cosas que él mismo no experimentaba. Sentía que profetizaba mucho pero que poseía muy poco. Por naturaleza, Sparks era una persona que se entregaba completamente a lo que creía, nunca se contentaba con una posición intermedia. Gradualmente una tremenda tensión comenzó a crecer dentro de él. Comenzó a sentirse un fracaso.

Entonces, cierto día le dijo a su esposa: "Voy a mi estudio. No quiero que nadie me interrumpa. No importa lo que suceda, yo no saldré del cuarto hasta que tenga decidido qué camino voy a tomar." Él sentía la inmensa necesidad de que el Señor lo encontrase de una forma nueva, o no podría continuar su ministerio. Había llegado al final de sí mismo. Encerrado en aquel cuarto pasó la mayor parte del día, quieto delante del Señor.

Comenzó a leer la epístola a los Romanos, pero nada sucedía. Él la conocía muy bien, la había enseñado muchas veces. Nada de nuevo le mostraba, hasta que llegó al capítulo 6. Él mismo diría después: "Fue como si el cielo se hubiese abierto, y la luz brilló en mi corazón." Por primera vez comprendió que había sido crucificado con Cristo y que el Espíritu Santo estaba en él y sobre él para reproducir la naturaleza de Cristo. Eso revolucionó completamente su vida. Cuando salió de aquel cuarto, era un hombre transformado. Ahora, en verdad comenzó a predicar a Cristo, a magnificar al Señor Jesús.

Luego comenzó a enseñar lo que llamó "El camino de la cruz," dando gran énfasis a la necesidad de la operación subjetiva de la cruz en la vida del creyente. Predicó el evangelio de una plena salvación a través de la sola fe en el sacrificio de Cristo. Enfatizó que el hombre que conoce la purificación por la sangre de Jesús también debía permitir que la misma cruz operara en las profundidades de su alma para libertarlo de sí mismo, y lo llevara a un caminar más espiritual con Dios. Él mismo había pasado por una crisis y aceptado el veredicto de la cruz sobre su vieja naturaleza, entendiendo que esa crisis fue el comienzo para disfrutar completamente la nueva vida de Cristo, experiencia tan grandiosa, que él la describía como un "cielo abierto."

Rechazo

Sparks recibió gran ayuda espiritual de la Sra. Jessie Penn-Lewis, a quien el Señor le dio un claro entendimiento sobre la necesidad de la operación interior de la cruz en la vida del creyente. Gracias a ella, Sparks también se libró de un prejuicio anterior que tenía contra cualquier cosa que estuviera relacionada con una "vida más profunda." Se tornó un predicador y maestro muy querido y popular en medio del llamado "Movimiento Vencedor."

Sparks entendió que no había otro camino para experimentar plenamente la voluntad de Dios, a no ser a través de la unión con Cristo en Su muerte. Siempre volvía a la enseñanza de Romanos 6, y estaba convencido de que tal unión es el medio seguro para conocer el poder de la resurrección de Cristo. Sin embargo, su experiencia en vez de abrirle las puertas para todos los púlpitos, le cerró la mayoría de ellas. Los líderes le temían, pues hallaban que algo extraño le había sucedido, algo peligroso, algo errado. Y así comenzaron a oponérsele.

Hubo un momento en que se quedó en la calle, sin casa donde morar con su esposa e hijos. Pero el Señor luego le proveyó una morada en la calle Honor Oak. Una señora que servía al Señor como misionera en la India y había sido grandemente ayudada a través de su ministerio, oyó decir de una gran escuela en la calle Honor Oak que estaba a la venta. Entonces compró la propiedad y la dio a la iglesia. El local de esa escuela vino a ser un local de comunión cristiana, sede de la "Christian Fellowship Center" (Centro de Comunión Cristiana), y de las Conferencias "Honor Oak." Allí se realizaban estas conferencias tres o cuatro veces al año, a las cuales venían personas de todas partes.

"Honor Oak"

Desde allí, y por un período de cuarenta y cinco años, Austin-Sparks ejerció una amplia y profunda influencia entre los cristianos de todas las confesiones y de diversos países. Muchos llegaban a la calle "Honor Oak" para escucharlo y para invitarlo a dictar conferencias en muchos lugares.

Sparks se mantuvo en estrecho contacto con otros obreros cristianos como Bakht Singh, de la India y Watchman Nee, de la China. Con este último tuvo una verdadera amistad, que se vio reforzada durante el año de estadía de éste en Londres en 1938. Algún tiempo antes, Nee había leído algunos escritos suyos y había sido grandemente ayudado por ellos. Algunos creen que Nee consideraba a Sparks como su mentor espiritual. Sparks, a la sazón de 49 años, se sentía muy a gusto con ese joven creyente chino, de sólo 35, tan aventajado en el conocimiento de las Escrituras.

Poco después comenzó la 2ª Guerra Mundial y las conferencias cesaron, pues todo el mundo estaba en turbulencia. Aun así, al terminar la Guerra hubo un período maravilloso en la historia de aquella obra y ministerio. De 1946 hasta 1950 hubo conferencias llenas de la presencia del Señor.

Sufrimientos

Por diversas razones, muchos sufrimientos vinieron a la vida de T. Austin-Sparks. A pesar de que parecía que estaba muy bien, el hermano Sparks sufría mucho por causa de su precaria condición de salud, con dolorosas úlceras gástricas causadas, tal vez, por el hecho de ser tan reservado e introvertido. Frecuentemente se postraba por el dolor y quedaba incapacitado para continuar la obra. Con todo, una y otra vez se levantaba, algunas veces muy debilitado por la enfermedad, y el Señor lo usaba poderosamente. Algunas de las mejores conferencias las dio, exactamente, en las épocas que tenía mucho dolor. Por eso, generalmente hablaba sentado. El medio que Dios usó para darle alivio fue mediante una cirugía en el estómago, lo que le trajo gran mejoría física, y más de veinte años de una vida activa para el Señor en muchos lugares.

Por varias razones, muchos otros sufrimientos vinieron a su vida. Él creía que, si por un lado la cruz envuelve sufrimiento, por otro lado, es también el secreto de la gracia abundante. Que por ella el creyente es llevado a un disfrute más amplio de la vida de resurrección y a una verdadera integración en la comunión de la Iglesia, la cual es el Cuerpo de Cristo. Él reconocía la gran ayuda que significaba para él la oración de los hermanos, y ellos, a su vez, reconocían el impacto espiritual que tales sufrimientos producían en ellos.

La oposición que enfrentaba Sparks era increíble. Libros y panfletos se escribían contra él; predicadores predicaban contra él, lo que le daba fama de ser un falso maestro, lleno de ardides. Este aislamiento total en que lo colocaban era, en todas las formas, la prueba más dura que soportaba.

Todos los años él asistía a la Convención de Keswick. Allí, tras la plataforma estaba escrito: "Todos somos uno en Cristo"; sin embargo, solía ser ignorado por aquellos que alguna vez habían servido a su lado. No le dirigían ni una sola palabra y le volvían la espalda. Eso era para él mucho más difícil de soportar que todos los otros problemas. Algunas dificultades con el local de comunión "Honor Oak," hicieron que las conferencias cesaran allí. Él mismo, no obstante, continuó con los hermanos, guardando intactos los lazos de la comunión, mostrando un interés lleno de amor para con la nueva generación, compartiendo siempre con ellos sobre adoración y oración. De hecho, la oración caracterizaba su vida aún más que la predicación.

Sin 'Copyright'

Uno de los principales instrumentos de su ministerio fue la revista bimestral "A Witness and A Testimony" (Un Testigo y un Testimonio), "este pequeño periódico" como le llamaba él, en el que publicó muchas de sus enseñanzas junto con las de otros obreros como los ya citados, y F.B. Meyer, A.W. Tozer, Andrew Murray, De Vern Fromke, Jessie Penn-Lewis, G.H. Lang y Stephen Kaung, para citar los más conocidos. Muchos de los artículos de esta revista jamás se han vuelto a publicar. El clamor que presentan sus mensajes una y otra vez es que los creyentes crezcan en el pleno conocimiento de Cristo, que lo conozcan a Él como el único, como el todo en todos, como la Cabeza de todo.

Desde el principio de la publicación de "A Witness and A Testimony" él rechazó adscribirse a algún movimiento, organización, misión o cuerpo aislado de cristianos, porque consideraba que su ministerio estaba dirigido a "todos los santos." Nunca pudo pensar en cristianos aislados, ni en asambleas de grupos aislados, intentó mantener siempre ante él el propósito divino de la redención, que es la incorporación de todos los creyentes como miembros vivos de un cuerpo.

T. Austin-Sparks escribió alrededor de un centenar de libros y compartió muchos mensajes que aún se hallan grabados en cintas, pero, por deseo expreso suyo, nada de ese material tiene 'copyright' o derechos de autor, porque consideraba que lo que le había sido dado por el Espíritu de Dios debía ser compartido libremente con todo el Cuerpo de Cristo.

Algunos Énfasis de su Ministerio

Sparks siempre utilizaba algunas frases que, en aquella época, prácticamente no eran oídas en otro lugar. Una de ellas era que "la iglesia es el cuerpo de Cristo," otra era que "precisamos tener una vida de cuerpo," que "los miembros de Cristo son miembros los unos de los otros." Cierta vez dijo: "Podemos tomar la Iglesia, que es el Cuerpo de nuestro Señor Jesús unido a la Cabeza, que está a la diestra de Dios y reducirla a algo terreno, hacer de ella una organización humana." Todas estas frases eran consideradas muy extrañas. En el mundo cristiano de entonces se hablaba sobre conversión, sobre estudio bíblico, sobre oración, sobre testimonio, sobre misiones, sobre vida victoriosa, pero nada se oía sobre la Iglesia, sobre el Cuerpo de Cristo, sobre el ser miembros los unos de los otros. Él era una voz profética solitaria. Por eso fue aislado, rechazado y calumniado.

Uno de los énfasis de su ministerio fue "la universalidad y la centralidad de la cruz." Para él, todo comenzaba con la cruz, venía a través de la cruz, y nada era seguro aparte de la cruz. Él acostumbraba decir que ningún hijo de Dios estaba seguro, hasta que le entregara su vida a Él. Que ningún hijo de Dios realmente le servía, hasta que le entregara su vida a Él. Que ninguna comunión entre el pueblo de Dios era segura, hasta que los miembros hubieran entregado sus vidas a Él. Todo vuelto hacia el altar.

Otro énfasis era "la preeminencia del Señor Jesús." Para él el Señor Jesús era el inicio y el fin de todo. El Alfa y la Omega, el Primero y el Último. Él veía que todo está en Cristo, la nueva creación, el nuevo hombre, todo. Tal vez uno de sus primeros libros: "La centralidad y supremacía del Señor Jesucristo," sea lo que mejor caracterice toda su vida y ministerio. "¿Dónde está el Señor?" – decía siempre. "¿Dónde está el Señor en la vida de esa persona?" "¿Dónde está el Señor en el servicio de esa persona?" "¿Dónde está el Señor en el ministerio de esa persona?" Él acostumbraba decir: "Si nosotros queremos que venga luz del trono de Dios, sólo hay que hacer una cosa: Darle al Señor Jesús el lugar que el Padre le dio. Esa es la forma de ser preservados de errores, de compromisos y de desvíos, y de ser librados de comenzar en el Espíritu y terminar en la carne."

Austin-Sparks veía la Iglesia como "la casa espiritual de Dios," como la novia de Cristo, como el Cuerpo del Señor Jesús. Su entendimiento sobre la Iglesia era muy claro. Creía en la casa espiritual de Dios de la cual somos piedras vivas edificadas juntas, y que debemos crecer como templo dedicado al Señor para habitación de Dios en el Espíritu. "Esto – decía – es el corazón de la historia, el corazón de la redención." También acostumbraba decir: "Hay algo mayor que la salvación," por lo cual muchos se airaban contra él y decían que hablar de ese modo no era bíblico. Pero Sparks siempre respondía: "La salvación no es el fin, sino el medio para el fin. El fin que el Señor tiene es su habitación, es su casa espiritual, su habitación en el Espíritu, y la salvación es el medio para colocarnos en esa casa espiritual de Dios."

Otro énfasis de su ministerio era la "batalla por la vida." Él acostumbraba decir que "si hay alguna vida espiritual en usted, todo el infierno se va a levantar para extinguirla. Si hay vida espiritual en su ministerio, todo el infierno se va a levantar para acabarlo. Si hay vida espiritual en la comunión de los cristianos, todo el infierno se va a levantar contra ella. Tenemos que aprender a pelear la buena batalla de la fe y echar mano de la vida eterna. Tenemos que aprender a mantenernos en la vida."

Una y otra vez decía que todo lo que está relacionado con Dios es vida. Vida, más vida, vida abundante. No muerte, sino vida. Hasta la misma muerte de cruz es para traernos vida, y cuanto más conozcamos la muerte de Cristo más conoceremos la vida de Cristo. Por tanto, esa es una batalla por la vida.

Un último énfasis era la "intercesión." Él acostumbraba decir que "el llamamiento real de la Iglesia es para interceder. Intercesión es mucho más que oración. Cualquiera puede orar, pero usted necesita tener una madurez mínima para poder ver, para poder pasar por dolores de parto, para que haya nacimiento. La intercesión no requiere sus labios, requiere todo su ser. No requiere diez minutos de su día, ni una hora, requiere de usted veinticuatro horas cada día. Es la oración incesante." Su vida fue una constante batalla de oración, en la que cogía, literalmente, a los enemigos invisibles de la voluntad de Dios para llevarlos cautivos; oración que alternaba con aquella clase especial de oración en que se ofrece a Dios la alabanza y la adoración debida a su Nombre.

Magnificaba Al Señor

Austin-Sparks fue un gran hombre, y los grandes hombres también tienen fallas. Él poseía debilidades, mas la impresión que quedaba en quienes le conocían no eran esas debilidades, sino el hecho de que él siempre magnificaba al Señor Jesús, no sólo con sus palabras, sino con su vida. Su propia presencia traía algo del Señor Jesús. Siempre que él llegaba o hablaba, se recibía la convicción de cuán grandioso es el Señor Jesús. Él siempre magnificaba al Señor Jesús. Eso fue algo que el Señor hizo en él de tal forma que su presencia y su ministerio glorificaban al Señor.

Otra impresión que dejó fue de alguien que siempre estaba avanzando. Nunca parecía que estuviera estacionado, sino siempre avanzando. Eso era sentido por su presencia y por su ministerio. Él acostumbraba decir: "¡No paremos! ¡Vamos adelante, prosigamos! El Señor todavía tiene más luz y más verdad para hacer brotar de Su Palabra. Prosiga, prosiga a todo aquello para lo que el Señor le conquistó."

Otra impresión que dejó es que siempre parecía ministrar bajo la unción. Ese era un secreto que este hermano poseía. Él sabía cómo permanecer bajo la unción para no dar comida muerta, para no dar lo que él pensaba, sino para siempre dar lo que Dios le había dado. Otra impresión era una gran determinación en cumplir aquello que Dios le había dado que hiciera. En muchas situaciones que acontecían para hacerlo desanimarse y detenerse, él sentía que no podía dejar a Satanás vencer – era una batalla por la vida.

Al final de su vida, T. Austin-Sparks estuvo solo. Había muy pocas personas con él. Campbell Morgan, Jessie Penn-Lewis, F.B. Meyer y A.B. Simpson tuvieron gran influencia en su vida. Muchas veces y de muchas formas F.B. Meyer llevó a Sparks a una relación más profunda con el Señor. Meyer acostumbraba decir que Sparks era una voz solitaria profética en un desierto espiritual, llamando al pueblo de

Dios de vuelta a la realidad, a lo que es genuino, al propio Señor Jesús. En abril de 1971, el hermano Sparks partió.

La Medida de un Ministerio

Si la medida del ministerio de un hombre se mide en relación a cuánto exaltó a Cristo, entonces Austin-Sparks no admite comparación. Ciertamente, sus escritos hablan poco de Jesús de Galilea, pero él mostró hermosamente al Señor resucitado y entronizado. Incluso más, al mostrar al insuperable Cristo dentro de nosotros. La línea de oro que une todos sus escritos es la exaltación de su Señor. Alguien ha dado el siguiente testimonio: "Él nos ha dado más visión espiritual de Cristo, que quizás cualquier otro hombre en los últimos 1700 años."

Después de la muerte de Austin-Sparks en 1971 un hermano escribió: "Quizás uno de sus primeros libros nos dé un mejor indicio de toda su vida y ministerio: 'La centralidad y supremacía del Señor Jesucristo'. Allí fue donde empezó y allí fue donde terminó, porque fue notorio en sus últimos años que había perdido todo interés en las cosas y concentró su atención en la persona de Cristo. Este era el objetivo de su vida y de todas sus predicaciones y enseñanzas."

En su servicio fúnebre hubo centenares que dijeron, sinceramente, que el hermano Sparks les había ayudado a conocer a Cristo de una manera más plena y satisfactoria. Si alguien puede hacer que los hombres comprendan algo más del valor y maravilla de Cristo, para que le amen más y le sirvan mejor, entonces el tal no habrá vivido en vano.

Made in the USA
Columbia, SC
01 June 2025

58778969R00078